U0923591

图1　平时就要注重孩子的财商培养

图2　从小具备理财能力

图3　要注重培养孩子的商业思维

图4　平时给孩子的零花钱要适当

图5　知识用于实践才是财富

让知识

融入实践变为财富

总主编：周文彪

知识与财富

Knowledge and Wealth

主　编：刘建清　周荦

中国纺织出版社有限公司

内 容 提 要

本系列丛书共分为《教育与创新》《规矩与成长》《品德与分数》《知识与财富》等10个分册。每章节的论述都以著名教育家陶行知先生经典小故事为引导，分别提出论点、论据，彰显了教育家言行一致的风格。每章结尾处又以陶行知本人的行为规范为楷模，不仅能使读者读懂理论，还能感染父母体会“学为人师，行为世范”的家教风格，进一步揭示了“父母的行为要成为孩子的楷模”这一育子理论，加深了读者的深度思考和理解。

图书在版编目（CIP）数据

陶行知生活教育系列丛书. 知识与财富 / 周文彪总主编；刘建清，周苹主编. -- 北京：中国纺织出版社有限公司，2021.12

ISBN 978-7-5180-9215-4

Ⅰ. ①陶… Ⅱ. ①周… ②刘… ③周… Ⅲ. ①生活教育—儿童教育—家庭教育 Ⅳ. ①G78

中国版本图书馆CIP数据核字（2021）第262996号

策划编辑：闫 星　　责任编辑：刘桐妍　　特约编辑：符 芬
责任校对：高 涵　　责任印制：储志伟

中国纺织出版社有限公司出版发行
地址：北京市朝阳区百子湾东里A407号楼　邮政编码：100124
销售电话：010—67004422　传真：010—87155801
http://www.c-textilep.com
中国纺织出版社天猫旗舰店
官方微博 http://weibo.com/2119887771
三河市延风印装有限公司印刷　各地新华书店经销
2021年12月第1版第1次印刷
开本：880×1230　1/32　印张：63.75
字数：1040千字　定价：398.00元（全10册）

行为养成
职业感知
兴趣爱好
兴趣培养
生活习惯
学习能力
兴趣特长
职业认知
行为习惯
人际交往
职业规划
科普知识
职业体验
社交知识
生活实践
人文地理
礼貌礼仪
职业习惯
职业发展
学做真人
生存能力
理财能力
分析能力
组织能力
演讲能力
表达能力
管理能力
专业能力
设计能力
创新能力
创造能力
影响力
激励力
组织与授权
监控与检查
灵活应用
个人体验
生活经验
领导经验
管理经验
跨学科知识
产业中的教育感悟
专业导向产业延伸
获取
· 知识
· 技能
· 收入
储存
职业体验
· 标准化
· 流程化
· 科研化
· 智能化
应用
培养企业拿来即用的
人
· 个人形象
· 维护与辩护能力
· 冲突管理
· 团队工作能力
· 客户导向意识
· 角色管理
· 时间管理
· 沟通管理
· 目标管理
· 激励管理
· 绩效管理
· 技能教练
基础教育
· 自我定位
· 智能管理
· 科技创新
· 知识传播
知识与财富
企业体验
产教融合
院校教学
岗位体验
职业体验
智商：
认识客观事物，运用知识解决实际问题的能力，掌握处理业务工作所需的技术和工具
情商：
具备处理自己与他人关系的能力
智能养身
运动场
游泳池
健身馆
药膳堂
养生馆
MR体验
职业感知
职业认知
科学实验
技术革新
数学应用
艺术熏陶
创新思维
创新创业
品德修炼
心理调节
情操感悟
教育中的产业渗透
教人求真
社区教育
· 教育与创新
· 规矩与成长
· 品德与分数
· 知识与财富
· 行为与性格
· 尊重与情商
· 勤奋与责任
· 生存与发展
· 音乐与人生
· 表扬与批评
· 专业与职业
· 健康与人生
· 安全与生产
通过产教融合，归纳演绎出：团队竞争力和创新、创造力
形成寓教于乐的教育特色：产教融合、协同育人
“三识” 学识 见识 胆识
显性知识：理论、通用（知道）
隐性知识：经验、教训（会用）

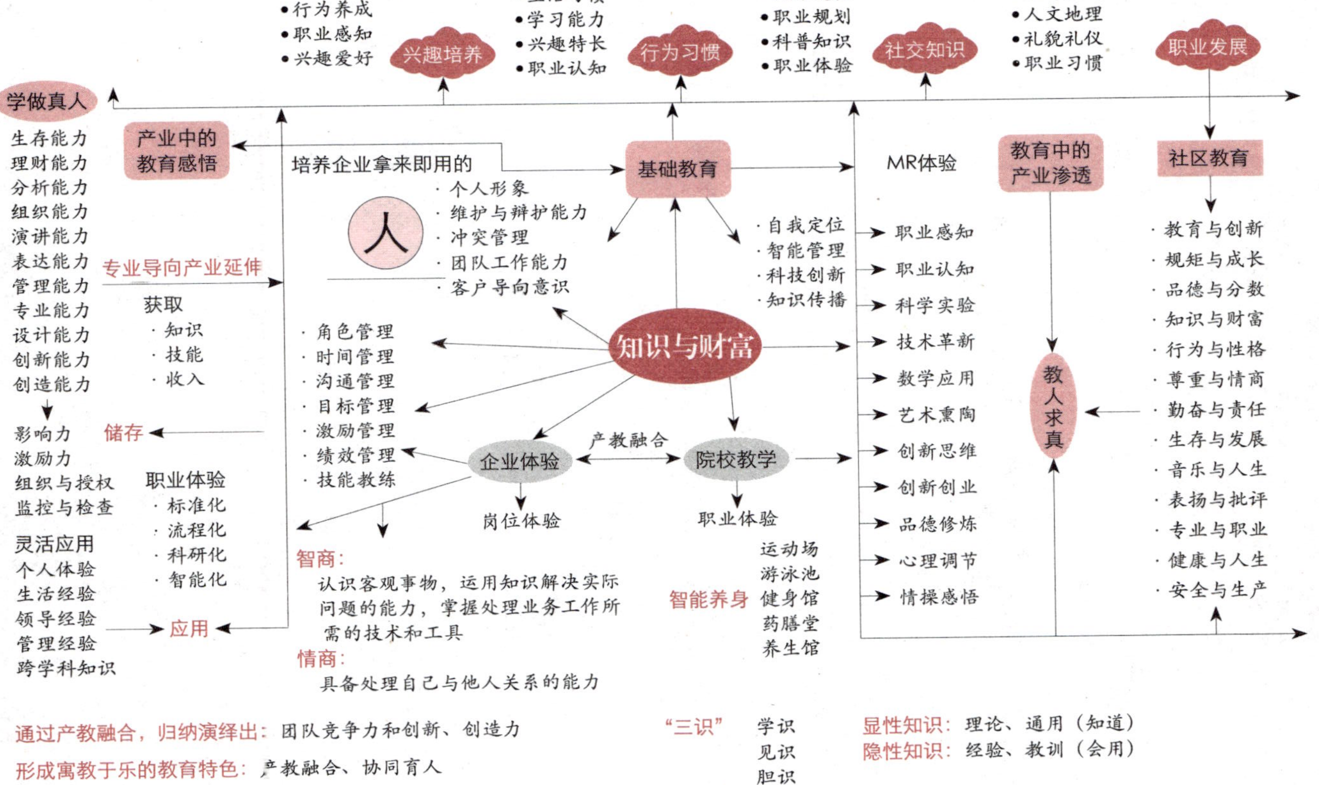

《知识与财富》框架结构图

TAO XING ZHI SHENG HUO

《陶行知生活教育系列丛书》

JIAO YU XI LIE CONG SHU

各分册主编

第一分册 《教育与创新》 主编 郭洪飞 赵 明

第二分册 《规矩与成长》 主编 罗碧华 杨秀丽

第三分册 《品德与分数》 主编 周文彪 张平原

第四分册 《知识与财富》 主编 刘建清 周 荦

第五分册 《行为与性格》 主编 刘馨阳 郭洪飞

第六分册 《尊重与情商》 主编 周 蔷 李嘉玉

第七分册 《勤奋与责任》 主编 周志平 秦承敏

第八分册 《生存与发展》 主编 刘义光 黎 邓

第九分册 《音乐与人生》 主编 张炜 蒋菡 何薇

第十分册 《批评与表扬》 主编 陈京平 张 炜

序一

闻悉周文彪先生任总主编的《陶行知生活教育系列丛书》付梓出版，尤其是将家庭教育融入陶行知生活教育思想非常必要。为众多父母在子女教育上坚持“行知合一”，用自己的行为做孩子的楷模提供了良好的借鉴。

随着《中华人民共和国家庭教育促进法》的颁布与实施，重视智力发展，忽视道德培养；重视知识学习，忽视能力培养；重视书本知识学习，忽视劳动实践；重视孩子智力发展，忽视情商培养；重视特长培养，忽视全面发展；重视身体健康，忽视心理健康；重视饮食营养，忽视身体保健的倾向越来越没有了市场，众多教育工作者逐步走向培养孩子全面发展的轨道。

父母与孩子的关系就好比土地和禾苗：土地肥沃，禾苗就茁壮；土地瘠薄，禾苗就瘦弱。家庭教育也是如此，父母的行为时时都在感染、熏陶和“塑造”着孩子的人生，孩子的行为、习惯、个性、性格也正是在父母行为的影响下逐步形成的。

大家都希望自己的孩子能接受到更好的教育，成为更优秀的人，这是为人父母的期望，也是整个教育事业必将要达到的目标，因此，我们万万不可忽略父母行为对孩子的影响。

在众多家庭教育中，有成功的经验，也有失败的教训，很多父母对孩子的期望总会产生极大的落差，其中的原因是什么呢？

一则对孩子的期望值过高。不计其数的父母盲目坚守着“望子成龙、望女成凤”的观念，孩子一入学就对他们提出：一定要考多少分，保持班上前几名，初中要考取某某名校，大学要考上985、211，毕业后要从事某高科技、高科研、高薪资的工作，结果，期望值越高，失望越大。

二则对孩子娇生惯养。很多孩子在家“称王称霸”，在外“一事无成”。其原因就是父母总是把孩子看作“温室里的花草”，对孩子提出的条件无限制地满足，平时这也不让做，那也不让做，忽略了孩子自身的锻炼，致使孩子一旦离开父母，走向社会，连最起码的生活自理能力也没有了。

三则对孩子放任自流。有些父母虽然与孩子住在一个屋檐下，同吃一锅饭，却很少交流，一旦交流就是“考多少分？全班第几名？”孩子做不到，就“一顿唠叨或讽刺挖苦”，这种不注意孩子的心理调适，一味压制，到头来孩子只好选择不和父母交流，有的甚至不想往来，还有的父母与孩子竟然像陌生人一样，孩子也干脆不和父母在一起。

四则对子女过度殷勤。随着生活水平的提高，很多父母对孩子过于殷勤，如吃饭的时候，总是喜欢将椅子、碗筷摆好，饭菜盛好，还有的孩子已经上小学了，还要靠父母喂饭吃。

五则用金钱替代教育。父母用金钱替代教育的现象不占少数，我们是否可以静下心来想一想：这样做究竟给孩子带来的是什么？存款、股票、房产、产业，等等？如此下去，孩子将来又会走向何方？培养孩子全面发展岂不是成了一句“空谈”？

特别引以注意的是：一些父母竟然混淆了家庭教育与学校教

育的关系。把孩子成才的期望全部寄托于学校，错误地认为教育就是学校的事，孩子只要考高分，上个好大学，将来就一定能有个好职业。这个误区实在可怕，大家要明白：家庭是教育的最基本、最基层的单位，学校教育是辅助家庭培养孩子成才的，家庭教育与学校教育的区别只是环境不同、教育者与受教育者之间的关系不同、教育者自身的条件不同、教育内容不同、组织管理不同，家庭教育具有广泛的大众性、强烈的感染性、特殊的权威性、鲜明的针对性、天然的连续性以及人生幸福的继承性和教育的终身性与教育方法的灵活性。

《陶行知生活教育系列丛书》在研究陶行知生活教育思想的基础上，对于家庭教育进行了进一步的深入挖掘、整理和延伸，指出了家庭教育在整个生活教育中的地位和作用，突出了陶行知“追求真理做真人”的为人之道，涵盖了早与迟、宽与严、言与行、家与校等多个层面，给父母在子女教育中以启发。

这套丛书从“品德培养要从健康行为开始”“让规矩陪伴孩子成长”“时刻提醒孩子规范自己的言行”“比考试分数更重要的是品德”“给孩子金山不如给知识，再富也别富养孩子”“知识转化为生产力才有力量”“不要忽略创新在教育中的作用”“对孩子的情商培养要从尊重开始”“让孩子在挫折中求生存”“不要忽视孩子生存能力的训练”10个侧面，提出了一系列比较现实的教育观点，通过生活中的一个个典型案例，论述了父母的行为与孩子成长的辩证关系，比如：父母自身素质、教养态度、教育能力、家庭生活条件、家庭成员之间的关系、家庭的社会背景和社会风气、家庭中错综复杂的冲突与矛盾等。促使父母更加重视“家庭教育的优势与劣势”“独生子女教育的优劣”“爱而不娇”“严而有格”“该管则管，该放则放，管放结合”“发展特长和全面发展”“言教和身教”“说服和实践”“掌握分寸选择机会”等重要问题。

在本套丛书即将发行之际，我们期望父母通过本书的阅读，提升家庭教育观念，支持孩子进行科学、文明、道德的修炼，使之在更多的学习活动中获得更多的自主权，从事更加有益的实践活动，在家庭教育中获得课堂上无法获得的知识和能力，使孩子的个性、知识、人格、情操、体质诸方面得以健康发展，让家庭教育与学校教育相辅相成、互相促进、相得益彰，促使孩子德、智、美、体、劳全面发展。

（俞启定　国内首批获得教育学硕士、博士学位的博士生导师，北京师范大学著名教授）

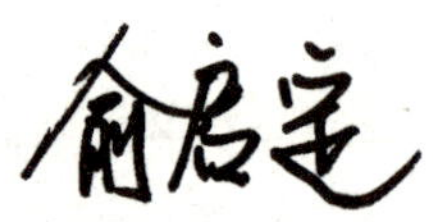

2021 年 11 月 28 日

序二

《陶行知生活教育系列丛书》即将付梓出版，应丛书总主编周文彪先生之邀，特写上以下一番话，表达祝贺之意。

萌芽于1918年，成型于1927年的“生活教育”理论，是陶行知教育思想的核心。

“生活教育”理论是陶行知作为中国现代教育先驱的思想理论基础，开展对“生活教育”理论的深化研究是极具意义的！生活决定教育，教育必须改造生活。“从定义上说，生活教育是给生活以教育，用生活来教育，为生活的向前向上的需要而教育”。

“生活教育”是活教育。“书是不可以死读的，但是不能不活用。”

“生活教育”是“大教育”。它是包括社会、学校、自然、家庭的整个的教育。

“生活教育”是融合教育。通过德智体美劳、军（军事训练）的融合，让学生成为真善美、智仁勇结合的“整个的人”。

陶行知认为，“知识与品行分不开，思想与行为分不开，课内与课外分不开，做人做事与读书分不开，即教育与训育分不开”。求知、品格、赋能的有机结合是学育方式变革的根本途径。

“生活教育”也是“与时代俱进”的教育。唯有与时代俱进，才能成为促进社会不断发展的现代人。

陶行知先生创立的“生活教育”理论，已经成为时代的显学。它揭示了教育的本质，阐明了教育的职能，把握了现代教育的特征与趋势，极具当代价值，也成为新时代教育改革发展的“路向”之一。

在当代，如何深化研究传承“生活教育”思想？可以说，文献式地把陶行知先生的文章、讲话、书信、诗歌等文献资料结集出版的任务已基本完成，诠释式的解读则远远不够！联系实际研究、践行陶行知思想的传承，即把陶行知思想及其教育主张深化研究，汲取其中的思想内核、当代价值并与当代教育实际紧密结合，瞄准当下教育的新问题、新课题，探索教育改革的新思路、新路径尤为重要。

陶行知本身是教育实践的行动家，其教育思想在本质上是一种实践的教育学说，理论与实际结合是“生活教育”的生命力所在，只有从“行知合一”上理解其思想实质，从理论与实践的结合上深化研究，在学育方式变革上深化改革，才是真研陶！

生活是向个体敞开的含有情境和价值的意义总体，包括：教育生活、社会生活、自然生活，当然也包括家庭生活。我国最早在1903年的《教育泛论》中就提出家庭教育、学校教育、社会教育同为国民教育的三大支柱。

学校教育是教育制度的重要组成部分，起主导作用；社会教育是指一切影响于个人身心发展的社会教育活动，起重要辅助作用；家庭教育则是生活中家庭成员之间相互的影响和教育，有着不可替代之作用。

陶行知先生是把三者有机结合的典范。在重庆育才时，其子陶晓光去找工作，因没有文凭，就找人开了张文凭证明。

陶行知先生知晓后非常生气，对其子说："宁做真白丁，不作假秀才"，迅即让其退掉。1940 年 11 月 5 日，陶行知在写给陶晓光的信中说："城（即其四子陶城）每星期六到堡，我也每星期六来一次，教他一些处事待人之方。"

家庭是重要的教育场所。孩子在家的时间远超过在校时间，家庭的环境，父母的行为无时不在影响着孩子的成长；家庭是孩子的第一所"学校"，父母是孩子的第一任导师，而且是一生永恒的导师。学校的教师是可换的，而父母是无法替换的，父母不但给孩子以生命，而且还要塑造孩子的内心世界。学校里一个班，教师要管理四五十个孩子，家庭一对父母只教育一个孩子，而且孩子接触最多的又是父母，对孩子影响最大的也是父母。一个孩子的健康成长将凝聚着家庭几代人的期望，作为一个家庭，把孩子教育好，比什么都重要。

《陶行知生活教育系列丛书》共分 10 册，依托伟大的人民教育家陶行知先生提出的"生活即教育""社会即学校""教学做合一"的教育思想，列举了现实生活中的大量案例，反复论证了"教育与创新""规矩与成长""品德与分数""知识与财富""尊重与情商""勤奋与责任""生存与发展""音乐与人生"等之间的逻辑关系，强调了父母培养孩子成长、成才的作用，突出了言传身教、行胜于言的风格，提示大家：父母的行为要成为孩子的楷模！使读者不仅读懂家庭教育理论，还渗透了"学为人师，行为世范"的育人风格。

《陶行知生活教育系列丛书》抓住了陶行知思想内在价值与当下教育的契合点、创新点，拓宽了陶行知研究的新领域，较好地回答了当下教育尤其是家庭教育面临的难点、重点问题，在研究的广度、深度上有了新的拓展。内容符合未成年人家庭教育的需要，具有鲜明的时代特征，贴近生活，教育思想观点基本是科学的，具有可操作性。文字通俗易懂，简单明了，写法生动活泼，适合一般文化水平的父母阅读。

（吕德雄　中国陶行知研究会常务副会长兼秘书长，原“晓庄师范”党委书记）

吕德雄

2021 年 11 月 29 日

序三

由周文彪先生总主编的《陶行知生活教育系列丛书》刚定稿，准备付梓出版之际，《中华人民共和国教育促进法》正式发布与实施，这让我们备受鼓舞。这套丛书的问世恰逢其时，也让家庭教育从传统意义上的“家事”变成了新时代发展，民族进步的“国事”！

《中华人民共和国家庭教育促进法》首先明确了家庭教育概念，“本法所称家庭教育，是指父母或者其他监护人为促进未成年人全面健康成长，对其实施的道德品质、身体素质、生活技能、文化修养、行为习惯等方面的培育、引导和影响”，之后强调了“家庭教育以立德树人为根本任务，培育和践行社会主义核心价值观，弘扬中华民族优秀传统文化、革命文化、社会主义先进文化，促进未成年人健康成长”。同时，《中华人民共和国家庭教育促进法》规定了学校等社会力量对家庭教育的协同任务，规定了“国家鼓励开展家庭教育研究，鼓励高等学校开设家庭教育专业课程，支持师范院校和有条件的高等学校加强家庭教育学科建设，培养家庭教育服务专业人才，开展家庭教育服务人员培训”。不难看出，一方面《中华人民共和国家庭教育促进法》从家庭教育概念，家庭教育主体责任、家庭教育的内容和方式，家庭教育工作机制，国家支持家庭教育的举措，社会力量对家庭教育的协同任务以及国家机关、国家工作人员带头做好家庭教育工作七个方面做出了法定职责与实施规制，从而成为每个家庭及社会各方自觉践行的必须；另一方面，《中华人民共和国家庭教育促进法》还强调了家庭教育、学校教育和社区教育密不可分，由此为各方教育的深度融合与协同育人提供了理论支撑与法律保障。

《陶行知生活教育系列丛书》正是符合了《中华人民共和国家庭教育促进法》的要义，从《教育与创新》《知识与财富》《规矩与成长》《品德与分数》《行为与性格》《尊重与情商》《勤奋与责任》《生存与发展》《音乐与人生》《批评与表扬》10个方面列举了大量案例，剖析了人生的十大要素，不仅启发父母更加注重家庭、家教、家风，增加家庭幸福与社会和谐，配合社会与学校把孩子培养成德、智、体、美、劳全面发展的社会主义建设者和接班人，也为各方面开展家庭教育专业的学习和培训提供了有益的参考书目。期望本套丛书的发行，能汇聚更大的力量，让家庭教育为实现伟大的中国梦发挥独特的作用！

（呼中陶　原北京师范大学党委副书记、北京师范大学珠海分校党委书记）

呼中陶

2021年11月29日

前言

幸福美满的生活是每个人梦寐以求的追求，到头来真正获取幸福美满的人，总占少数，这是为什么呢？是什么阻碍了人们的幸福呢？

有人说是人生的创伤锁住了迈向幸福的脚步；有人说是知识的缺乏束缚了人们对幸福的向往。事实上，知识与幸福是一对孪生兄弟，知识有显意识的和潜意识的，显意识是人们能够觉知的，潜意识的知识是人们难以察觉的，也时时伴随着人生，促使人们从无知到有知，最终获取幸福美满的生活。俗话说："知识就是财富"就是这个道理。在这一点上，人们往往只是在字面上有了浅显的认知，并没有深度挖掘，知识与财富二者之间有着许多的共性，知识不单单可以转化为财富，而且是人们幸福的源泉。

在日趋激烈的商业竞争中我们不难发现："越有钱的人赚钱越容易"，也就是说"越有知识的人，对新事物的理解力越强，越容易学到更多新知识，获取新的财富"，从此，我们不难悟出知识与财富的共性，也就是说获得的知识越多，思维模式越丰富，接受新生事物的能力越强，更善于掌握事情的先机，做出更快更好的反应和抉择，从而获得机遇，在这些方面我们不难理解"知识就是财富"，只有不断获取并储备、接收新事物，新知识，才会获得更丰富的财富。

为人父母我们要明白：培养一个优秀的人，关键是从孩子未来的角度出发，给其提供更多的获取知识与财富的机会。

《知识与财富》这本书，紧扣“知识转化为生产力才有力量”这一主题，辩证地阐述了知识与财富的逻辑关系，深入浅出表明“知识及时转化为生产力”的重要性，启发父母从培养孩子成才的角度，树立起获取、储备知识就等于获取、储备财富的观念。

在书稿完成之际，我们要特别感谢著名家庭教育专家、中国教育学会家庭教育专业委员会原理事长、中国当代家庭教育科学研究的开拓者赵忠心同志，北京师范大学原党委副书记呼中陶同志，北京师范大学资深教授俞启定同志，中国社会福利基金会原名誉理事长缪力同志，中国陶行知研究会常务副会长吕德雄同志在百忙中给予的精心指导；特别感谢中国社会福利基金会、中国教育学会、中国家庭教育学会、中国陶行知研究会给予的大力支持，感谢长期关注生活教育的同仁和北京师范大学珠海分校、暨南大学珠海校区、吉林师范大学分院、《福建基础教育研究》编辑部、湖南工程技术职业学院、范家小学、空直蓝天幼儿园等全国185位高等院校、中小幼校（园）长、教师参与研究与实践，使本书圆满完成。

由于本书的编写时间和编者水平有限，不足之处在所难免，恳请广大读者给予批评指正。

2021年11月29日

家庭生活教育的四个维度

1	获取生活兴趣的能力	观察视角：准备 / 倾听 / 互动 / 自主 / 达成
2	与父母的沟通互动能力	观察视角：环节 / 呈示 / 对话 / 引导 / 机智
3	新知识理解与评价能力	观察视角：目标 / 内容 / 实施 / 评价 / 资源
4	家庭环境与文化的熏陶	观察视角：思考 / 民主 / 创新 / 关爱 / 特质

阅读本书的观察视角

1	事前准备	孩子做事前准备了什么？是怎样准备的？
		准备得怎么样？准备充分的概率是多少？
		孩子是否养成了事前准备的习惯？
2	耐心倾听	孩子能否耐心倾听你的话？能耐心听多少时间？
		作为父母你能耐心倾听孩子的心声吗？
		倾听时，孩子有哪些辅助行为？
3	与孩子互动	你与孩子有哪些互动行为？能达成目标吗？
		你与孩子互动的时间、过程、质量如何？
		你与孩子就某一问题讨论的时间、过程、质量如何？
		你与孩子户外活动的时间、过程、质量如何？
		你与孩子的互动习惯怎么样？出现怎样的情感行为？
4	让孩子自主	孩子自主学习（活动）的时间有多少？
		孩子自主学习的形式（探究 / 阅读 / 思考）有哪些？
		孩子自主学习有序吗？有无自主探究活动？
		孩子自主学习的质量如何？
5	目标达成	孩子清楚自己的学习目标吗？
		孩子预设目标达成有什么依据？分几个阶段达成？
		近阶段（1 月 / 半年内）生成过什么目标？效果如何？

6	问题环节	问题是由哪些环节构成的？你是否围绕这些问题沟通？
		这些环节是否面向孩子强调问题的关键点？
		你对不同环节 / 行为 / 内容 / 时间是怎么支配的？
7	正面引导	你是如何引导孩子自主学习 / 工作 / 生活的？
		你对孩子与人的合作能力是如何引导的？是否有效？
		你对孩子探究学习是如何引导的？是否有效？
8	挖潜与启智	面对孩子调皮与犟嘴，你的态度和方法有哪些？
		你如何处理孩子调皮和犟嘴？效果怎么样？
		你使用了哪些非言语行为？效果怎么样？
		你哪些行为感化了孩子（语言 / 体态 / 表情）？
9	共同思考	幸福生活是否与知识 / 技能有关？
		对孩子的引导是否有利于问题的解决？
		怎样引导孩子独立思考并自己处理问题呢？
		家庭气氛能否促使孩子独立自主地生活？
10	民主与创新	你与孩子的沟通效果怎么样？
		孩子参与集体活动的时间是怎样的？气氛如何？
		你的行为是否成为孩子的榜样？
		孩子与其他小朋友的关系如何？
		家庭创新设计、情境创设与资源利用有何新意？
		家庭气氛是否有助于孩子成长？你是如何处理的？
		孩子生活有哪些新目标 / 资源？你是如何处理的？
11	关爱与特质	孩子的生活目标是否面向未来？
		你是如何面对孩子的特殊情况的？
		孩子遇到学习困难时，你是如何关注和引导的？
		家庭环境体现了哪些有利于孩子走出困境的因素？
		家庭环境有助于孩子修正错误、健康成长吗？

目录

Part 1 不可忽略的财商培养

Part 2 提升财商，学会理财

Part 3 要注重培养孩子的商业思维

Part 4 别让家“富”毁了孩子的前程

Part 5　要摆正知识与财富的关系

陶行知说：我们在教育线上若无求知欲，便依然不会运用科学结果以增进人生的幸福。我们在创造线上若无发明欲，便依然不会探入未知之境界，以开发科学之源泉。用智识去造财富，用财富去求智识，使人民愈富愈智，愈智愈富。

不可忽略的财商培养

- 什么是财商
- 对孩子进行财商测试
- 为什么要进行财商教育
- 要激活孩子财商的基因
- 如何培养孩子的财商
- 树立起正确的财富观
- 为孩子设定理财目标
- 按年龄特点展开财商培养
- 国外的财商教育
- 财商培养热点问答

什么是财商

财商（Financial Quotient）一词最早由美国作家、企业家罗伯特·T.清崎（Robert T.Kiyosaki）在《富爸爸穷爸爸》一书提出。

财商是与智商、情商并列的现代社会三大不可或缺的素质。

财商是指一个人与金钱（财富）打交道的能力，它包括两个方面：一是创造财富及认识财富倍增规律的能力；二是驾驭财富及应用财富的能力。

财商教育就是教孩子怎样认识财富和使用财富，使他们长大后能驾驭财富，我们现在所说的积累财富的高低并不能代表驾驭金钱的能力。

根据美国肯塔基大学等几所大学的研究发现，彩票中奖者破产概率是普通人破产概率的两倍，这个数字说明这些人即使偶尔占有了很大的财富，但是如果没有足够的财商而无法驾驭这笔金钱，最后可能会沦落到比之前更悲惨的境地。

财商教育就是要告知人们在成功理财路上的潜在风险，以及成功之前要注意培养对风险的认知。

财商教育主要包括三个方面：一是树立正确的财富观，培养孩子自立、自觉创造财富的信念，在创造财富的同时也为社会和他人做贡献，恪守市场规则树立诚信的道德操守；二是树立正确的理财观，教育孩子养成勤俭节约的习惯，以名人的事例来启发孩子的财商，培养其最初的财富意识；三是树立正确的知识观，向孩子传授正确的与财商有关的知识。

【案例1】

英国《每日邮报》曾经有一则报道：2003年7月，年仅16岁的考利·罗杰斯幸运地中了彩票大奖，赢得了近190万英镑奖金。但是，仅仅时隔6年，她已经挥霍了所有奖金并面临破产，甚至6年中她曾两次企图自杀。

曾经风光无限的罗杰斯如今生活困窘，为了维持生计，她不得不同时做3份清洁工作。

【分析】

据不完全统计，几乎所有彩民都梦想着有朝一日能中大奖，但是，中了大奖后，他们会很快地挥霍光巨额的奖金，甚至负债累累，使生活变得更不幸福，原因就在于他们从小没有培养起理财习惯，给其再多的钱财也守不住。

【案例2】

小王月薪8000元，妻子月薪6000元。他们在昆山买了一套房产，每月供房就要4000元。从准备婚礼、婚房装修，再加上平时请兄弟吃饭，都需要耗费大量资金，他们每月结余的钱只有4500元。

有一天，小王和妻子一起去吃烤肉，妻子在吃饭期间一直抱怨，夫妻俩虽然很省钱，但总会有一些意外的娱乐支出。他们想添置些大件，但没办法全款，只能选择分期付款。

小王和妻子都明白：25—30岁的这5年，是人生最重要的5年，标志着人的成熟、成长，标志着迈入人生的新阶段，不仅组建了家庭，未来可能还要迎接小生命的出生，夫妻双方都要承担相应的责任和义务。

然而婚后，小王和妻子一直是各自挣各自花，并没什么规划。

【分析】

他们两个人刚刚结婚，从目前的家庭资产来看，每月结余为4500元，数值较低，他们的生活仍停留在花未来的钱的阶段中。

小夫妻俩应该重新审视花销，该削减则削减。小王原来不记账，经人指点后，记了一段时间账，自己仔细算了一下发现：生活费加上房贷最多占总收入的40%—50%，每月消费仅吃饭和打车就占去了月收入一大半。

他们主要的问题在于：储蓄太少，只有4500元的结余。

应该降低自己的生活开支，小王和他妻子平时娱乐和旅游支出占比较高，有时候可以适当拒绝相关活动。

认知：

理解：

做件什么事	怎么做的	做中的感悟

准备：

学会做：

对孩子进行财商测试

本测试内容分为个人品行、储蓄消费、赚钱能力、财务知识、信用五个方面，每部分问题占比分别为：30%；24%；30%；11%；5%。

以下是财商测试题题目维度及所占比例的分析：

表1.1 财商测试题目维度与比例

序号	维度	题量	所占比例	题目分布
1	个人品行	5	35%	1；2；3；4；5；17
2	储蓄消费	4	24%	6；7；8；9
3	赚钱能力	5	30%	10；11；12；13
4	财务知识	2	11%	14；15

在每个题目中选出你认为最符合自己想法和行为的答案。

1.你喜欢吃零食吗？

A.吃，经常吃

B.妈妈说可以吃多少我才吃多少

C.偶尔吃，吃得不多

D.基本不吃

2.除了固定的零花钱，你还会通过什么方式获得更多的零花钱？

A.帮父母做家务

B.考试取得好成绩

C.直接问爸妈要

D.卖玩具或其他挣钱方式

3.如果你让爸爸给你买了宠物狗，早上6点谁陪它出门尿尿？

A.我和爸妈轮流来遛狗

B.我遛狗，坚持每天早起遛狗

C.爸爸妈妈遛狗

D.我遛狗，如果起不来就让狗狗在家尿尿

4.晚上回家你是怎么做作业的？

A.按科目写，做完一科休息一会儿

B.想起来什么写什么

C.边吃零食和水果，边写作业

5.可以打电话的手表被你弄坏了，怎么办？

A.不告诉妈妈

B.让妈妈再给我买一个

C.告诉妈妈，请求原谅

D.用零花钱把它修好

6.秋游，爸妈给了200元，你会买些什么呢？

A.先买自己喜欢的东西

B.去玩的地方看想吃什么再买

C.听听父母的建议

D.自己去超市买需要的，有剩余的钱就存起来

7.你最喜欢以下哪个课余活动？

A.跟家人玩

B.下棋、看书、魔方

C.打球等体育活动

D.电脑或手机游戏

8.同学生日，你会送他什么礼物？

A.送家里多余但对方可能需要的东西

B.亲手制作的生日贺卡

C.用一个月零花钱，买一件精美的摆件

D.和爸妈借钱，买一个特别好的玩具

9.同学小明找你借了50元钱，后来他好像忘记这事了，

你会怎么办？

A.弱弱地提醒一下小明

B.算了，都是朋友，等他自己想起来会还的

C.直接和小明说，定下还钱日期，如果再过期，要请我吃棒棒糖

D.不提醒他，但是以后也坚决不借钱给他了

10.别人送你一套你已经有的玩具，你会怎么办？

A.放在家里

B.送给别人

C.卖出去

D.跟别人换自己没有的玩具

11.学校里最近很流行一款新游戏，好多同学都买了这个游戏，你会去买它吗？

A.会，大家都有，我也要买

B.先借同学的来玩玩，好玩再买

C.不买，我家里的游戏已经够多了

D.等两个礼拜，如果大家还都在玩，我也买

12.你准备如何使用过年领的压岁钱？

A.买一台最新的iPhone手机

B.给父母，让他们替我进行投资

C.存银行以后有需要再取出来用

D.买一台功能全面的电子词典

13.爸妈让你做家务，需要给额外的零花钱吗？

A.需要，不然不做

B.需要，但是不给也会做

C.从不做家务

D.不需要，本来就应该做

14.最近有一款零食中的集换卡非常流行，你想把它集齐，你会怎么做呢?

A.买很多零食，尽快把集换卡集齐

B.一天买一包慢慢收集

C.拿重复卡片和小伙伴们交换

D.实在集不齐就算了

15.你认为家里每个月除去基本生活开销，剩余的钱应该?

A.全部存进银行

B.买喜欢的东西

C.由爸妈决定，我不用管

D.用一部分买股票或其他投资

16.如果你身高1.2米以上，乘坐公交车时该不该主动要求爸爸妈妈买票呢?

A.一定要买票

B.假装没到1.2米就不用买啦

C.买不买不关我的事

D.等司机发现了再买

为什么要进行财商教育

财商是一个人判断财富的敏锐性，以及对怎样才能形成财富的了解。

财商与智商、情商是并列的三大社会能力。

智商反映人作为一般生物的生存能力；情商反映人作为社会生物的生存能力；财商是人在经济社会中的生存能力。

在当前的经济社会里，智商、情商和财商都高的孩子，才能赢得精彩的人生。

在孩子成长过程的每一步进行有规划的财商教育，是父母的必要选择。

孩子没有理财的本领，有多少钱也会慢慢花光。“富不过三代”就是指有财商的父辈辛辛苦苦积攒下来的钱，最后会败在无财商的子孙手中。

俗话说：“金钱虽然不是万能的，但没有钱是万万不能的。”孩子不能以平常心对待金钱与财富，主要是缺乏财商的教育。

财商教育的内涵在于教会孩子怎么用有限的资源创造最大的财富。

财商教育不仅是教孩子将来怎么赚钱，而且是让他成为一个获取财富的成功者。

财商教育的重点是培养孩子的金钱观念，让孩子知道如何使用金钱，如何正确获得金钱。

当下，很多父母习惯于花钱，让孩子去各种补习班补习功课，对孩子必要的生活技能却不重视，这种习惯本身就是错误的。

财商教育在中国教育史中一直处于薄弱环节，教育部规定的教学大纲中一直没有单独列入有关财商的内容，各类学校也没有把财商教育纳入教学中，特别是传统教育完全不让孩子接触有关财富教育的话题，整个教育对孩子的财商教育缺乏系统性，致使很多人对财商产生了误解，有些父母认为孩子还小，动不动就谈钱会影响孩子的学业和前途，这就是财商教育一直没有展开的原因。

在犹太人的教育中，财商是最重要的教育内容，也是他们比其他民族更为成功的关键因素。

美国教育基金会会长夏保罗先生指出："美国人有一个共识，在诸多成功中，赚钱最能培养人的成就感和自信心，教育必须从小培养孩子认识金钱的理财能力，在注重培养孩子智商的同时，提升他们的财商。"尤其是在美、英等发达国家，财商教育是中小学的必修课。

【案例1】

从前有个乞丐，在一个大雪天里乞讨到一家富豪家门前。富豪看到这个可怜的孩子，便问："你为什么不去做生意，而乞讨呢？"乞丐回答说："第一，我没有本钱，第二，我也不会做生意。"富豪说:"如果我借你本钱，同时交给你做生意的方法，你愿意做生意吗？"乞丐说："愿意！我当然愿意啦。"

富豪借了一枚金币给乞丐，要求一个月内把一个金币还给他，并且告诉乞丐："做生意其实很简单，只要想着怎么帮助别人就行了，你能帮助一个人就能赚一个人的钱，能帮100个人就能挣100个人的钱，能帮成千上万的人，你就是不想赚钱，也发财了。"乞丐听了富豪的话，拿着富豪给的金币，心想：先填饱肚再说。来到一家饭店，服务员看着穿着破破烂烂的乞丐，硬是不让他进门，乞丐没有办法，拿出金币向服务员亮了一下，服务员马上改变了对他的态度，请他进了饭店最好的房间，送上了最好的饭菜，乞丐说："我只要一碗最便宜的面。" 乞丐吃完面，便带着剩下的钱去寻找可以帮到别人的地方。

乞丐来到一个村子旁边，发现经常有商人的马匹在此经过，心想："马儿经过这里一定很累了，商人为了追求更快的速度挣更多的钱，都要拼命地驱赶马儿往前走，马儿又累又饿肯定走不动了。于是，乞丐就在村子里找来正在玩耍的小孩，让他们去割草，每割一大捆，他给一文钱，再把自己家里的水桶拿来打水，每打三桶给一文钱。等水和草都准备好了，乞丐租了一件好一点的衣服穿上，拦住过往商人，跟他们说让马儿休息一下，吃点草、饮点水，钱看着给就行。

商人们看到如此诚恳的乞丐，都愿意让自己的马儿在此饮水、吃草，并且三文、五文地付钱给乞丐，还非常感谢他。就这样，乞丐很快靠帮助别人，一个月内就赚到了三枚金币，还了一枚金币给富豪，自己还挣了两枚。从此，以后乞丐便走上了经商、致富的道路。

【分析】

做生意本质上就是帮助别人赚钱，当你帮助别人，而且让别人感到你的真诚时，你就会得到应有的回报。所以说挣钱并不是有没有本钱的问题，而是懂不懂怎样挣钱的问题，做生意本来就是人的本能，只有帮助别人成功，自己才能随之成功。

【案例2】

在美国有一位13岁的少年，有一天，他的父亲突然递给他一件旧衣服说："这件衣服能值多少钱？""大概一美元。"他回答。

"你能将它卖到两美元吗？"父亲用探询的目光看着他。"傻子才会买！"他不服气地说。

父亲的目光中透着真诚渴求："你为什么不试一试呢？你知道的，家里日子并不好过，要是你卖掉了，也算帮了我和你的妈妈。"他想了想，这才点了点头："我可以试一试，但是不一定能卖掉。"

他把衣服洗干净，没有熨斗，就用刷子把衣服刷平，铺在一块平板上阴干。

第二天，他便带着这件衣服来到一个人流密集的地铁站，经过六个多小时的叫卖，终于卖了这件衣服。他紧紧攥着两美元，一路奔回了家。以后，每天他都热衷于从垃圾堆里淘出旧衣服，打理好后，去闹市里卖。

过了几天，父亲突然又递给他一件旧衣服说："你想想，怎样把这件衣服卖到20美元？"他很诧异地对父亲说："怎么可能？这么一件旧衣服怎么能卖到20美元？最多能卖两美元。"父亲启发他说："好好想想，总会有办法的，你可以试一试。"，

后来，他终于想到了一个好办法：请自己学画画的表哥在衣服上画了一只可爱的唐老鸭与一只顽皮的米老鼠。然后，在一个贵族子弟学校的门口开始叫卖。

没想到一个管家为他的小少爷买下了这件衣服，小少爷

十分喜爱衣服上的图案，管家一高兴，又多给了他5美元的小费。他激动地拿着25美元（相当于父亲一个月的工资），回到家里向父亲报喜。

第二天，父亲又递给他一件旧衣服说：“你能把这件衣服卖到200美元吗？”父亲目光深邃，他毫不犹豫地接过了衣服，开始了思索。

两个月后，机会终于来了。当电影《霹雳娇娃》女主角拉佛西来到纽约做宣传时，他推开身边的保安，扑到了拉佛西身边，举着旧衣服请她签名。拉佛西先是一愣，但马上就笑了，因为在美国没有人会拒绝一个纯真的孩子的邀请。

拉佛西很流畅地给他签了名。他笑着说：“拉佛西女士，我能把这件衣服卖掉吗？”“当然，这是你的衣服，怎么处理完全是你的自由！”拉佛西回复说。

他“哇”的一声欢呼着高喊起来：“拉佛西小姐亲笔签名的运动衫，售价200美元！”

经过现场竞价，一名商人以1200美元的高价买了这件运动衫。

回到家里，他和父亲，还有一家人陷入了狂欢。

父亲感动得泪水横流，不断地亲吻着他的额头说：“我原本打算，你要是卖不掉，我就叫人买下这件衣服的。没想到你真的做到了！你真棒！我的好孩子，你真的很棒……”父亲问他：“孩子，从卖这三件衣服中，你明白什么？”

他非常感动地说：“我明白了，是您在启发我的财商，事实上，只要开动脑筋，办法总是会有的。”父亲点了点头，又摇了摇头说：“你说得不错，但这不是我的初衷。我只是想告诉你，一件不值钱的旧衣服，你都有办法卖出去，我们有什么理由对生活丧失信心呢？”

20年后，他的名字传遍了全世界——迈克尔·乔丹。

【分析】

与其让生活带来更多的沮丧与抱怨，不如坚持一个信念，相信只要努力生活就会变得美好！一件商品的价值在于人们赋予它的附加值，一颗钻石在没有经过打磨的时候，充其量就是一块漂亮点的石头，如果做成戒指或者项链，就拥有了更高的价值（图1）。

认知：

理解：

做件什么事	怎么做的	做中的感悟

准备：

学会做：

要激活孩子财商的基因

俗话说："君子言义，小人言利。"我们的父母总觉得孩子的主要任务是学习，离金钱越远越好，很多父母担心孩子乱花钱，剥夺了孩子们掌控钱的机会。

比如，孩子要买什么东西，必须向父母伸手，每逢过年，孩子得到的压岁钱，父母们将全数收回。因此，好多孩子养成了花钱伸手，或者是一有钱就赶快花光的习惯，严重缺乏消费规划意识。

至于理财能力的培养，父母们总认为孩子长大了会无师自通。事实却让我们看到以下族类的频繁诞生：

（1）月光族：每月挣的钱花得光光的。

（2）啃老族：自己挣不来钱，或者不愿意去挣钱，或者挣得不多，但要花钱，怎么办？找父母要。

（3）卡奴族：拥有很多信用卡，把信用卡里的钱统统花光了，又像奴隶一样想着怎样去还钱。

（4）赖贷族：贷款上学、贷款买车、贷款买房，但到最后不去还贷。

（5）高消费低龄化：初中女生一月花光两万元。

（6）挥霍富二代：留学富二代挥霍浪费，已蔚然成风。

在财商教育调查中发现：95%的孩子缺少理财教育。

【案例】

赵红被保送北京大学考古文博学院文物建筑方向，毕业后被英国牛津大学录取为硕士生，师从莫顿学院院长。

有一次，记者在采访赵红时，赵红对记者说："父母没有教我如何购物、如何理财！小学时，大概是担心我随便在路边小摊买零食不卫生，总是对我说：'想吃什么、想买什么，回家来告诉父母，我们给你买，千万不要自己在外面买呀。'自那以后，我就养成了'十指不沾人民币'的习惯。直到高中，我仍然很少自己拿着钞票到商店柜台去买东西。记得高中时我爱吃巧克力威化饼，可每次自己到学校小卖部去买，总是硬着头皮、战战兢兢，喊个柜台大姐都犹豫半天，声音还小得像蚊子叫；好不容易买完了，找回来的零钱，半天也数不明白。买个零食尚且如此，更别提买文具、买衣服之类的'大件商品'了。同学们说：'哎哟，你真省钱，什么都不买。'我心里也直喊冤：'我哪里是会省钱，这是不会花钱。'"

父母在赵红高三毕业的那个假期，才发现赵红对"金钱不能自理"的问题，便带着赵红上街购物。

此时，长期不花钱对赵红的负面影响已经相当严重，她不仅不懂得讨价还价，也不懂得用快速计算来比较商品的价格，更不懂得为自己挑选合身的衣服，就别说挑挑拣拣了。

后来，赵红还是在北京念本科期间才逐步锻炼出独自到超市采购、逛街的“本事”。再后来，赵红在留学期间学会了为自己的开销记账，学会了处理个人的银行业务。还好，这门“理财”课，补得还算及时。

【分析】

父母担心孩子的安全卫生，不让孩子碰这个做那个，这固然是好意，可同时也让孩子失去了自己处理事情的能力。这种能力不仅影响了以往我们常说的洗碗扫地等家务劳动，也影响了购物理财这种“技术活儿”。

认知：

理解：

做件什么事	怎么做的	做中的感悟

准备：

学会做：

如何培养孩子的财商

要培养孩子的财商，父母最好每个月和孩子一起制订一个消费计划，比如：多少钱用于买学习用品？多少钱用于买自己喜欢的日用品？多少钱用于买零食？这样既可以防止孩子乱花钱，又可以培养孩子的财商，并养成孩子勤俭节约的好习惯。

世界著名的亿万富翁洛克菲勒说过："对钱财必须要具有爱惜之情，它才会聚集到你身边，你越尊重它、珍惜它，它越心甘情愿地跑进你的口袋。"很多犹太人对自己的所有开支都是精打细算的，他们为的就是尽量降低成本、减少开支，他们有这样的一句口头禅："要把一块钱当成两块花，如果在一个地方，用错了一块钱，损失的不仅仅是一块钱，而是两块钱。”犹太人之所以富，就是因为他们把钱用在该用的地方，不该用的地方，一分钱也不花。

很多父母在孩子面前，总喜欢讲阔气、图享受，追求超前消费，不少的父母对孩子娇生惯养，特别是对孩子的物质需求有求必应，甚至对孩子进行“全包全替”的周到服务，使孩子缺乏生活自理能力锻炼，导致孩子成人后生活自理能力依然很差。

在这样的大气候影响下，家长们无形中在孩子的心灵中播下了“奢侈浪费”的种子。事实上，生活中会精打细算的孩子，将来才会聚敛财富，成为富人。

【案例1】

石油大王洛克菲勒从小就过得十分清贫，他7岁开始自己想办法赚钱，16岁放弃中学学业毅然进入商界。洛克菲勒的一生经历过贫穷、战争、负债以及富贵，可谓是跌宕起伏。

洛克菲勒出生于美国纽约州的一个贫困家庭。父亲是一个普通的小商贩，凭借着灵活的头脑赚取一点生活费；母亲是虔诚的基督教教徒。正是因为对数字十分敏感，幼年时的洛克菲勒就已经开始以帮父母做家事的方法赚钱。

7岁的时候，他在一个小森林里发现了一些火鸡蛋。洛克菲勒把蛋孵出来，并一直养火鸡到感恩节，把它卖了一大笔钱，然后把钱借给附近的居民，赚取利息，由此他赚到了他的第一桶金。

在他工作的第三年，他偶然听到英国即将爆发饥荒的消息，他开始大量采购食品，这让他的老板非常不高兴。然而不久，英国爆发了饥荒，公司通过销售囤积的食品获得了巨额利润。

【分析】

生在这样一个清贫家庭的洛克菲勒，注定了没有办法受到良好的教育。洛克菲勒小时候除了表现出较好的算术能力，其他方面再没有表现出任何出色的能力。而他却利用对数字的敏感，一点一点地赚到了钱财。

【案例2】

在洛克菲勒16岁中学毕业后，就放弃了大学学业，开始出去找工作。很显然，对于一个没有学历、没有工作经验，甚至还没有成年的人来说，找到一份工作并不容易，他跑遍城里每一家公司，甚至有些公司连续跑了两三天。终于，在洛克菲勒惊人的毅力下，一家经营粮食谷物的公司录取了洛克菲勒，让他做记账员，但也说了如果做不好，马上走人。虽然只是一个每周5美元的记账员职位，洛克菲勒依然十分高兴，还将这一天视为重生的纪念日。

三年后洛克菲勒从原来的公司离开，开始自己创业，就像很多人一样，洛克菲勒的创业之路并不是一帆风顺的。一次由于员工不注意，导致公司大半货物被烧，没办法按时发货，洛克菲勒只能一个个地向合作商道歉，并打下欠条。当时一部分合作商并不满意，但也有人鉴于洛克菲勒的人品和以往的合作经历愿意相信洛克菲勒。果然，不到一年，洛克菲勒就将所有的欠款还清，没有拖欠一分钱，这一举动更是为洛克菲勒赢得了良好的商业信誉，让洛克菲勒以后的经商之路越走越远，也越来越顺利。

1858年，洛克菲勒从女朋友的父亲那里知道，美国的这场战争已经不可避免，如何保全自己的财富是当时大部分人的第一想法，而洛克菲勒通过这场战争看到了一个更大的赚钱的机会。他将自己所有的钱投入生活物资的储备中，另外还借了一大笔钱。事后有人对洛克菲勒说：国家有难，你应该上战场帮助自己的国家，而不是在这里发财。洛克菲勒说："战争是死人的，我做的却是活人的。"的确，战争打到哪里，洛克菲勒就将生意做到哪里，他不仅为当时的军队提供了物资，更救活了当地的老百姓。

【分析】

洛克菲勒之所以能成为亿万富翁，与他从小养成了精打细算的理财习惯息息相关，他的故事给了我们很大的启发：要让孩子成为富人，就要从小培养他精打细算的习惯。

认知：

理解：

做件什么事	怎么做的	做中的感悟

准备：

学会做：

树立起正确的财富观

培养财商的方法建立在培养正确的财富观上，无论是对于金钱的认识，还是给孩子零花钱，都不要凌驾于理性之上，要教育孩子珍惜和爱护金钱，若发现孩子因疏忽而损坏或丢失、浪费金钱时，要让他们对丢失或浪费的金钱或物品负责，在给孩子提供金钱和物品之前，要明确告知：要好好珍惜，不得损坏和浪费。并强调如有损坏，无论任何原因，都不会再提供。这样才会使孩子更珍惜所拥有的金钱和物品。

无数事实表明，“有钱就是幸福”“给我花钱就是爱我”等观念是十分错误的，必须予以纠正。孩子对金钱或物品的获取，应该是“君子爱财，取之有道”。父母要做到以下几点。

1. 给孩子钱要有节制

无论孩子年龄多大，也无论父母的经济条件如何优越，给孩子的零花钱都要有节制，把数额控制在孩子有能力支配的范围内，让钱花得明明白白，比如：让孩子通过自己的努力买自己想要的东西，这样，孩子就会很慎重地货比三家，改掉冲动购物的坏习惯。一般来说，父母给孩子的零花钱是根据孩子的日常消费来计算的，基本没有定数，包括零食费、午餐费、交通费、购买生活必需品的费用等，此外，父母要鼓励孩子储蓄，让孩子学会精打细算，每月尽量使自己的钱有结余。

2. 合理解决超支问题，让孩子学会记账

孩子大多有父母给多少钱花多少钱，花完了再向父母要的习惯，花钱很少节制。

针对这种现象，父母应做到：当孩子超出开支计划时，

和孩子商量，放弃可花可不花的项目，引导孩子建立一个记账簿，从小养成记账的习惯，记录每笔钱谁给的，给了多少钱和每一笔现金的支出，每月做一次总结，跟孩子一起分析，总结出哪些钱花得好或花得有价值。哪些钱可以节省下来，花在更需要的地方。

3. 创造挣钱的机会，让孩子学会挣钱

有人会问：一个小孩子能从哪里挣钱呢？现在的孩子虽然每天都接触钱，但是关于钱的来历，他们很少问及。所以，等他们长大需要自己支付水电费、房租、物业费时，往往束手无策，由此，建议父母从孩子小时，就要让他们去买菜、交物业费、电话费等，让孩子知道家里的钱是怎么花出去的，每月家里需要支付哪些费用。这样，孩子就有了了解家中“财政”的机会，如遇有能挣钱的机会，可以让孩子直接参与，让孩子明白：挣钱一是靠劳动；二靠竞争；三靠积累。比如：生活中注意收集一些废品、矿泉水瓶、纸箱等，让孩子卖了存入他的储蓄箱，归他自己，同时让他定期看看自己挣了多少钱。

4. 控制消费，让孩子学会储蓄

储蓄实际上就是通过资金的不断沉淀，最终形成一个资金的蓄水池，只要流入的资金大于流出的资金，那么这个蓄水池的水量将会越攒越多。

当下，有很多“月光族”“卡奴族”，消费的观念也是一直在“透支”，这样的消费观虽然很洒脱，但是对孩子未

来的教育并没有帮助。

父母帮孩子开个银行户头，从小教孩子储蓄的意义，能帮助孩子确立正确的消费观。

当孩子想买自己向往已久的物品时，父母可以跟他说：先用自己储存的零花钱买，不够的爸妈再给你补。这样，既可以让孩子体验“积少成多”的乐趣，还可以让孩子体会“选择性消费”的意义。

5. 精打细算，让孩子从小学会理财

家庭理财教育的目的是培养孩子适应和创造各类新生活的能力，而不是父母给予孩子舒适安逸的生活。为人父母要转变观念，从小培养孩子自立、自主的精神，如孩子的衣食起居，能放手的就放手，切不可包办代替。

在这一点上，我们可以借鉴美国家庭的做法：美国人大多都是当婴儿一出生就让其单独睡觉，会捧奶瓶了，就让孩子自己吃奶，吃完奶就把他放在坐便椅上大、小便，从婴儿到学走路都让孩子在围栏床上自己玩，孩子学步时，也是自己扶着学步车练习。这样的孩子长大后，不仅能自己照顾自己，还能养成独立自主的习惯。

尤其是美国孩子7岁时就要学着自己挣钱；13岁就包揽全部家务并按定价向父母收费；到18岁以后孩子即完全独立。

6. 对孩子的要求要符合实际

培养孩子动手能力的同时，要考虑到孩子的年龄、能

力，不可拔苗助长，如果对孩子的要求过高、难度太大，就会使孩子产生畏难情绪和自卑心理；要求过低又不能激发孩子的兴趣。

事实上孩子的肢体活动能力，随着年龄的增长在不断增强，其自主性、独立性也在逐渐增强，因此，父母要准确把握帮助孩子形成良好习惯的最佳时期，例如：给孩子提出一些适当的要求，让孩子独立完成，增强孩子的自信心和责任感，逐步减少孩子对父母的依赖。

【案例1】

有一天，居住在宿舍楼门口值班的胖阿姨见到一个妈妈带着儿子，就逗小男孩说：“小家伙，你存了那么多钱了，是不是借些给婆婆啊？”儿子回答：“你天天上班，不是有钱吗？为什么还要向我借？”“唉！”胖阿姨故作无奈地说：“我还没发薪水呢。你不是说存了100元吗？先借给婆婆买菜呗。”

儿子一本正经地说：“那是一张定期存单，借给你也不能用的。”“你到银行取出来不就可以借给我了？”儿子歪着脑袋想了想：“那，我不是少利息吗？除非你还钱的时候一并还利息。”看！多么有趣的回答啊！

胖阿姨继续逗他：“不算利息行不行呀？”“不行。”儿子态度颇强硬。“好吧，算利息就算利息。多少？”

妈妈说：“婆婆有困难你就应该帮助她，怎么能算利息呢？”“可以不算婆婆的利息。但我要知道那100元究竟有多少利息。”儿子倔脾气上来了，半天不说话，妈妈只得补充说："我算了算，8元6角4分。"

儿子说："婆婆，我可以不收你利息。但是，你要告诉我，我什么时候借给你？你什么时间还给我？"

胖阿姨见儿子很认真的样子，不再逗他了："下次再说吧。我还有10元，先去买菜。"

晚上回到家，儿子就缠着妈妈，要学如何计算利息。当时银行用的是月利率制。要想5岁的儿子能够理解和计算，必须教会他把月利率转为年利率，还要避免运用乘法和除法。

妈妈拿儿子这100元的定期存款为例，给儿子算起利率来：月利率是7.2‰，每年12个月，就是用7.2‰加十二次为86.4‰，转换成年利率为8.64%。如果是几百元几千元的整数，可以如此类推，运用加法也容易计算出利息。

【分析】

妈妈用这种化繁为简的方法教会了儿子计算利息，儿子由此对数学的加减法才产生了兴趣。

在商业社会里，与钱打交道是必不可免的，懂得如何花钱与如何赚钱是同等的重要。有调查显示，富翁们不一定是最会赚钱的人，但一定是很会用钱的人。拥有良好的用钱态度是现代人幸福生活的基本技能之一。但这种技能的获得不是一朝一夕的事情，必须在孩子对钱拥有模糊概念的时候就开始培养。

【案例2】

郭晓被保送上北京大学，大学期间多次获得奖学金和科技竞赛奖，毕业后赴美留学，在美国哥伦比亚大学攻读博士学位。

郭晓小时候，有一次和奶奶去公园闲逛，看见路边各式各样的零食和冷饮，就想让奶奶也买一些。但奶奶坚决地说：“不买，吃零食和冷饮对小孩子的健康没有好处。”

郭晓有些失望，虽然不是很明白奶奶的话，但他知道奶奶一旦说了“不”，就一定不会买了。逛了没多久，来到了一个书摊前，奶奶发现郭晓对一张各国国旗的图片很感兴趣，就问他：“喜不喜欢？这些图片上印的是各国的国旗。”

郭晓兴奋地对奶奶说：“我要认识每个国家的国旗，还要画出来。”奶奶赞赏地说：“好，郭晓真棒！我们买一张回去一起学好不好？”说着毫不犹豫地为郭晓买下一张。

郭晓手拿着图片，牵着奶奶，心满意足地笑了。

小学阶段，父母非常谨慎地给郭晓零花钱。每次把钱交到他手上时，都会叮嘱他不能乱花钱，要求他一定不能把钱花在游戏机室或娱乐场所，只能买对自己学习有用的东西。

对于买书，父母是从不吝啬的。每次去逛书店，他所挑中的书籍，一般父母都会全部买下。郭晓上三年级时，有一次书店到学校推销，他对几套文学名著爱不释手，于是就向同学借了两百多元把书买了下来。

晚上他惴惴不安地向父母提起这件事，父母虽然感到意外，但还是鼓励他说：“很好，钱就是要用到有用的地方。”对孩子积极的消费行为予以鼓励，是父母的职责。

把钱尽量少地用于物质享受，尽量多地用于对自己的学习和成长有帮助的地方，已成为郭晓的人生信条之一。

【分析】

郭晓的父母在生活中的小事中，帮助郭晓树立“把钱尽量少地用于物质享受，尽量多地用于对自己的学习和成长有帮助的地方”的观念，培养郭晓适应新生活和自立、自主的能力，促使他养成良好的消费习惯，学有所成。

认知：

理解：

做件什么事	怎么做的	做中的感悟

准备：

学会做：

为孩子设定理财目标

3—6岁孩子的理财目标

1. 花钱心理

“像大人一样”，“用钱”更多是为了体验像大人一样的感觉。

2. 教育目标

（1）初步认识钱币及用途。

（2）尝试简单的消费。

3. 教育引导

（1）用家庭游戏的方式，模拟各种场景（比如：超市、银行、商店等），帮助孩子认识钱币，懂得基本的消费行为及礼仪。

（2）给孩子少量的钱币，让他/她享受“大人”的感觉，比如：自行去买饮料等。

7—10岁孩子的理财目标

1. 消费心理

寻求与同伴一样的花钱行为和交流方式。

2. 教育目标

（1）能完成基本的日常购物。

（2）懂得有选择性地使用零用钱。

（3）懂得储蓄。

3. 教育引导

（1）利用各种场景，给孩子一定数量的零用钱，让孩子学习消费；并在事后和孩子讨论过程，总结利弊。

（2）让孩子完成不同数额的购物尝试，体验有选择地消费。

（3）定期给孩子一定数量的零用钱，让孩子自主消费，并做家庭分享。

（4）鼓励孩子的理性消费，比如：花费得好则奖励更多的零用钱。

11—14岁孩子的理财目标

1. 消费心理

“我长大了，我需要独立消费”，“用钱”是自我管理生活的需要与象征。

2. 教育目标

（1）能有计划地使用零用钱。

（2）能理解父母辛苦，懂得通过劳动换取零用钱。

（3）能用零用钱做有意义的事情。

3. 教育引导

（1）实行“零用钱预算制”，由孩子提前做出“消费计划”，提交父母审核批准；父母可以与孩子辩驳交涉，决定实际数额。

（2）给予孩子一定的家庭责任，比如分担家务，以此增强孩子对“零用钱”的珍惜与善用。

（3）鼓励孩子参与学校或社会事务，让孩子用零用钱做有意义的事情，如向灾区或贫困地区捐款等。

认知：

理解：

做件什么事	怎么做的	做中的感悟

准备：

学会做：

按年龄特点展开财商培养

根据孩子的年龄特点，6岁就能数较大数目的钱，开始学习攒钱，培养“自己的钱”意识；7岁能观看商品价格标签，确认自己有无购买能力；8岁懂得在银行开户存钱，并想办法自己挣零花钱；9岁制订自己的用钱计划，能讨价还价，学会买卖交易；10岁懂得节约零钱，在必要时可购买较贵的商品，如滑板车等；11岁即可通过商业广告发现价廉物美的商品，并有打折的概念；12岁懂得珍惜钱，知道来之不易，有节约观念；13岁明白通胀通缩，了解理财渠道可以实现财富的保值增值；14—18岁即可跟随父母一起参与社会商业活动和理财、交易等活动。

父母应根据孩子的年龄特点展开理财模拟实战，如组织聚会，孩子要花多少钱购买派对用的美味点心？要花多少钱为来宾准备一份贴心的小礼物？让孩子逐项分解各类费用，享受理财的过程，是一个非常好的理财训练。

经常让孩子当家庭的主人，孩子就会更加了解家庭如何运转，钱是怎么流动的，更加了解家庭生活的不易，这样孩子在日常花费前，就会主动思考如何合理开支。

认知：

理解：

做件什么事	怎么做的	做中的感悟

准备：

学会做：

国外的财商教育

很多国家的学校和家庭都比较重视从小培养孩子的财商。犹太人的教育中，财商教育是重要的内容，这也是他们比其他民族更为成功的因素。美国教育基金会会长夏保罗先生指出："美国人有一个共识：在诸多成功中，赚钱最能培养人的成就感和自信心，所以必须从小教孩子理财，培养他们的财商。"在美、英等发达国家，财商教育是中小学的必修课。

1. 法国

注重培养孩子计划用钱的本领。当孩子正式上学后，父母们便给孩子开设一个专门的账户。他们认为，与其让孩子每次向父母苦苦"乞讨"，还不如定期给孩子一笔零用钱并限制消费范围，这样更有利于培养孩子有计划用钱的理财本领。独立账户不仅为孩子的合理消费提供了实习场所，而且还能帮助孩子养成合理储蓄的良好习惯，即"该消费时就消费，该节约时就节约"。

2. 英国

作为发达国家的居民，英国人的这种精打细算不完全是为生活所迫。英国税率和物价都很高，但人们的生活水平并不低，英国人的平均工资折合人民币计算，每人每月能挣3万多元。但他们认为，能省的钱不省很愚蠢。自然，英国人把他们这种理财观念传授给了下一代，提倡理性消费，鼓励精打细算。在英国父母的观念里，让孩子们感受金钱的来之不易，远比让他们理所当然地享受父母的给予更为重要。所以，父母一般都会将家庭的经济状况告知孩子，父母如何给孩子零花钱也会取决于家庭状况，家境比较好的孩子，零花钱会多些，家境差的就会少些。但不管是多是少，孩子们的零花钱都应该通过劳动来换取。因为父母担心，一旦金钱可以不劳而获，孩子们将不能理解金钱和劳动之间的关系，不知珍惜所得，进而逐渐变为纨绔子弟。

在英国，儿童储蓄账户越来越流行，大多数银行都为16岁以下的孩子开设了特别账户。目前，有三分之一的英国儿童将他们的零用钱和打工收入存入银行和储蓄借贷的金融机构。

3. 德国

德国父母们对孩子零花钱管理很有一套理论。他们通常定期守时地把零花钱交给孩子，既给孩子一种守信用的印象，又方便孩子安排理财计划。无论孩子是否听话乖巧，都有权得到零花钱，父母并不把零花钱当作奖惩手段。但所买的东西必须不是危险或是不健康的（比如小刀、香烟等），毕竟孩子年纪尚小，这些约束是必须的。德国人天性严谨，父母说给多少零花钱就给多少，如果孩子过早花完，就算追在大人后面来讨要也没用，因为这是违反约定的行为。不仅如此，父母还会和孩子交谈，看看为什么会这样，然后一起商量今后如何避免。

此外，很多父母还鼓励孩子在银行开设账户，让自己的孩子和亲戚朋友的孩子进行储蓄竞赛，孩子们也大多有具体的储蓄计划和目标。40%的孩子省钱买电脑和软件游戏；17%的孩子称自己省钱是为了买玩具；15%的孩子勒紧裤腰带准备买手机；另外18%志向远大，称他们省钱是要买汽车、摩托和轻骑。

德国教育专家提醒父母要教会孩子正确区分愿望和需求。愿望是指通过广告和其他儿童的炫耀所产生的对某一物品的渴求。需求指的是日常生活所必需的物品。比如说：我近视，我需要一副眼镜，这是需求，但如果我要一副昂贵的镜架，那就是愿望。父母在给孩子购买物品的时候一定要帮助孩子正确领会这一区别，这对孩子今后的成长是莫大的帮助。

4. 日本

在日本讲究自力更生、勤俭持家。很多家庭每个月给孩子一定数量的零用钱，父母会教育孩子节省使用零花钱以及储蓄压岁钱。在给孩子买玩具时，无论高收入的家庭还是低收入的家庭，都会告诉孩子玩具只能买一个，如果想要另一个的话就要等到下个月。在孩子渐渐长大后，一些父母会要求孩子准备一个记录每个月零用钱收支情况的账本。

他们主张让孩子自己管理自己的零用钱，主张孩子要自力更生，不能随便向别人借钱。等孩子年龄大一点鼓励孩子打工挣钱。日本人教育孩子有一句名言：“除了阳光和空气是大自然赐予的，其他一切都要通过劳动获得。”许多日本学生在课余时间都要在校外打工挣钱。与西方国家有所不同的是，日本的金钱教育中强调一种责任感。日本教育家认为，在家庭教育中，学生的家务劳动是学生应尽的义务。如果孩子干活要付钱的话，这就是对家庭关系的扭曲。如果父母因孩子学习好而赏钱，这无疑是一种贿赂。

孩子是否完成家庭作业、学习成绩的好坏、能否升入名牌学校等，同父母给孩子零花钱之间并没有什么必然的联系，这是教育中必须正视的问题。

5. 美国

美国人认为，在市场经济和商品社会中，一个人的理财能力直接关系到他一生的事业成功和家庭幸福。他们希望孩子早早就懂得自立、勤奋与金钱的关系，把理财教育称之为“从3岁开始实现的幸福人生计划”，让孩子学会赚钱、花钱，与人分享钱财。

其实，美国小孩在幼儿园或者学校就通过各种游戏知道了金钱的概念和价值，但作为父母，通常还是会用以下4招教孩子如何理财。

（1）帮孩子建立理财目标。

美国父母通常会问孩子长大以后的理想是什么？每个孩

子的理想都不尽相同，有的想成为医生，有的想当消防员，有的想当律师……此时，父母会趁机追问孩子，这些人靠什么生活呢？看孩子一脸茫然的时候，美国父母会借此机会告诉孩子，职业目标与理财规划是并行不悖的，无论将来干什么，存钱、投资都比单纯挣钱更重要。美国父母告诉孩子们今后的理财目标以后，通常会和他们制订一个理财计划。其实，父母在和孩子互动的同时，会发现很多乐趣。如果父母碰巧有位朋友是理财规划师的话，那就可以把他介绍给孩子。这样可以让孩子知道，原来存钱与投资是件非常严肃的事情。

（2）鼓励孩子从小挣钱。

在美国，鼓励孩子打工是教会孩子处理财务的重要手段之一，美国每年大约有300万中小学生在外打工，家长会教导小孩通过正当的手段赚钱。不管家里多么富有，男孩12岁以后就会通过给邻居或父母剪草、送报赚些零用钱，女孩子做小保姆去赚钱。另外美国人常常将自己不需要的东西拿出来拍卖或者捐赠，而小孩也会将自己用不着的玩具摆在家门口出售，以获得一点收入，剩余物品全部捐给慈善机构。

（3）教会孩子如何节俭过日子。

美国畅销书《邻家的百万富翁》告诉人们，如果想变为富翁，单靠挣钱是不行的，而是要靠平时的存钱与投资。所以，父母要让孩子从小学会勤俭过日子。例如，有的小孩喜欢吃冰激凌，如果买一杯要花50美分的话，父母就告诉他：“你想吃可以，但是今天只能给你25美分，等到明天再给你25美分时，你才能买来吃。”

（4）教孩子学会储蓄。

让孩子有储蓄意识的一个最好方法就是为孩子建立个"小银行"，使他拥有一张储蓄卡。父母为孩子办储蓄卡后，可耐心诱导孩子把口袋里的零钱存进去，并告诉他坚持下去，为自己的储蓄卡负责任，没有必要花费时，不要随便动用卡里的钱。

为了使孩子坚持下去，可以采取鼓励方式，允许孩子把零花钱的1/3用于买零食等消费，剩余的钱必须存入银行卡里。孩子一旦尝到"甜头"，就会坚持储蓄，长期坚持下去孩子就会形成储蓄意识。

6. 犹太人

说起犹太人，你可能会想到他们的国家是以色列，其实，全球经济圈中的很多精英都是犹太人。如前任美联储主席格林斯潘，全球外汇、商品和股票投资家索罗斯，纽约市市长、布隆伯格通讯社创办人布隆伯格等他们的祖先都是犹太人。

犹太人财商教育最重要的一点，就是让孩子延后享受的理念，所谓"延后享受"就是以追求自己未来更大的回报为目标，延期满足自己的欲望，这是犹太人教育的核心，也是犹太人成功的最大秘密。

犹太人是如何从小教育孩子的呢？

犹太人的父母从小就告诉孩子："如果你喜欢玩，就需要去赚取你自由的时间，需要接受良好的教育和优秀的学业成绩，然后才可以找到好的工作，赚到很多钱，赚到钱以后，可以玩更长的时间，更昂贵的玩具。如果搞错了顺序，就不会有正常工作，只能玩很短的时间，最后的结果是拥有一些坏掉的便宜玩具，一辈子就得更努力地给别人打工，你就没有更好的玩具和快乐。”这是延后享受最基本的例子。

目前，犹太人的财商思维已经融入了现代社会的价值观，个人的一生是其规划的范围，如个人追求、个人资源都有理性规划，其最高目标是追求幸福的一生，财商是他们人生规划的总体理论。

犹太人的父母都会给孩子设立一个独立的银行账户，并划入一笔钱，数目可能是父母一个月的工资。

犹太人的父母为什么这么热衷给孩子开账户呢？不是他们钱多，也不是他们溺爱孩子，而是他们有更宏大的教育目标，即从小培养孩子的财商，让孩子从小学就会明智、科学而不是机械、盲目地理财。

一旦孩子因使用不当犯错时，父母不会轻易帮助他们渡过难关，而是耐心地向孩子解释：如果将来想拥有更有价值的东西，现在就不得不放弃一些价值不大的东西。因此，孩子才懂得过度消费所带来的严重后果，从而学会对自己的消费行为负责。

我们很多父母总担心孩子乱花钱，喜欢“剥夺”孩子们掌控钱的机会。比如，孩子要买什么东西，必须向父母伸手要；孩子得到压岁钱，父母总会说压岁钱由他们帮忙保管，全数地将压岁钱收回去。

这样做的弊端是：孩子因此养成了要花钱就伸手，一有钱就赶快花光的习惯，缺乏对消费的规划。

为了帮助孩子对未来生活作好准备，犹太家庭还常常让青少年模拟父母管账。例如，孩子12岁前后，父母常会翻开账本，告诉孩子家中的钱是怎么花的，让孩子了解如何掌管家庭的“财政”。

犹太父母除从小教孩子科学使用金钱外，从孩子八九岁开始，就鼓励孩子通过自己的劳动挣钱。

【案例1】

有一天，巴布尔的儿子带回了一张萨克斯演唱会的门票，巴布尔一看门票价格只有2美元，原来是儿子同学自己举办的音乐会。

听儿子说，这个孩子家里是很有实力的中产阶级，他开演唱会，除了分享对音乐的渴望外，也是在积累自己的人脉。

这个同学的爸爸还开了一个车行，里面已经叠加了清洗汽车、家庭保洁、摆地摊、为工厂做促销等一系列业务。

【分析】

巴布尔看着这张门票感觉到儿子同学的爸爸很有经商头脑，鼓励儿子向他们学习，不仅学好基础课程，还要不断增长社会知识。

【案例2】

在以色列，一名中国的单亲妈妈和三个孩子一起生活。

有一天，邻居训斥她的大孩子说：“你已经是大孩子了，应该学会去帮助妈妈，怎么能看着你妈妈忙碌，自己像一个废物呢？”邻居转过头对这个妈妈说：“别以为你生了孩子你就是母亲了……”

一年以后，大孩子靠售卖中国文具，赚到了超过20000谢克尔（折合人民币40000多元）；第二个孩子使用符合儿童年龄的文笔，在报纸上开设了自己的专栏，专门介绍中国的风土人情，每周交稿2篇，每篇1000字，每月赚到800谢克尔；老三是个女孩，学会了煮中国茶和做中国点心，来往客人尤其是华人都很喜欢，每天可挣得200多谢克尔，从此，母子4人走上了致富之路。

【分析】

犹太人的精明是从小的时候培养起来的，入乡随俗，跟着犹太人学习教育孩子的理念，既能够很好地从事自己的生意，又能够很好地培养教育孩子，可以说是一举两得。

认知：

理解：

做件什么事	怎么做的	做中的感悟

准备：

学会做：

财商培养热点问答

问：父母和孩子谈钱是教会孩子以后怎么赚钱吗？

当下，我们的父母总不愿意与孩子谈论“金钱”，有的人认为：父母生孩子就应该养孩子，挣钱是父母的事，与孩子无关。跟孩子谈钱，并不是教孩子怎么赚钱，因为：孩子们长大后，自然会挣钱，而且赚钱的技能和途径可能远远超过父母的想象，现在需要教给孩子的就是从小打好基础，掌握专业知识，能正确地认识、使用钱就可以了。

事实上，认识钱是孩子自我生存的第一步，未来孩子们能够不为钱所困惑，能明白自己想要什么，如何来实现自己的财务目标，是财商教育的本质。

问：很多父母希望通过为孩子提供“有偿服务”或者

“奖励”达到对孩子进行财商教育的目的，比如洗碗奖励、完成作业给予奖励等，这样做的利弊是什么呢?

财商教育的关键是给孩子树立正确金钱观，帮孩子分清什么是自己的责任和义务，什么是父母的关心。

具体来说，父母在培养孩子财商的同时，要明确哪些是可以支付报酬的，哪些不是，为什么这些是可以支付报酬的。对孩子的“有偿服务”或者“奖励”来说，要有先后顺序，以写作业为例，要让孩子明白：写作业是他的责任，完成作业之后，父母给的是“奖励”，而不是“写完作业，父母就一定要给的”。

问：为了培养孩子勤俭节约，父母要在孩子面前“哭穷”，或表现出对金钱的无奈吗?

我们应该传递的勤俭节约意识，是给孩子的客观信息，既不要哭穷，也不要炫富。比如，当孩子问：“我们家有钱吗？”父母可以告诉孩子：“我们没有钱，但是也不缺钱。”或者如实客观地回答。

当孩子想进行一个比较奢侈的消费时，比如，去迪士尼，父母可以把这个月的工资换成现金纸币，摆在孩子面前，然后，根据每个月的生活消费，如房贷、车贷、生活费、学费等，罗列给孩子看，告诉孩子：我们每个月有多少结余，去迪士尼需要多少钱等。用这种方式可以让孩子对家里的经济情况有个大概了解，同时也能理解哪些开支是必须且首要的，哪些是次要的。

问：有的父母崇尚“会花钱才会赚钱”的理念，让孩子放手花钱，你觉得这是对的吗?

在李嘉诚看来，当你月收入只有2000元的时候，如果把它分成五份，用于生活费、交朋友、学习、旅游和投资，看起来钱都花出去了，但这些钱已经转化为朋友、知识、体验和投资，从这点来看，“会花钱才会赚钱”是有一定道理的，但是，这个“花”一定不是花在自己的生活享受上，而是花在为以后的财富积累做准备上。

【分析】

财商教育只要不把钱花在孩子的个人享受上，投资在孩子的学习、旅游、交友、获取新知识上，即使是再大的消费，也是有益于孩子未来的“花销”（图1）。

认知：

理解：

做件什么事	怎么做的	做中的感悟

准备：

学会做：

本章复盘

◎ 小问题

回答下面的问题，帮助你理解理财意识培养在家庭教育中的必要性。

1.财商培养的目的是什么？

2.财商培养首先要做到什么？

3.财商培养的步骤是什么？

4.财商培养有哪些要注意的环节？

5.财商培养有什么效果和表现？

6.财商培养和掌握知识应该如何区别？

7.财商培养的方式不同，效果有什么不一样？

8.财商培养的问题有哪些？

如何做更好的父母

◎ 收起你的懦弱，摆出你的姿态，重视起财商培养，不要打击孩子的积极性。

◎ 就算周边的人（含家庭成员）都否定孩子，你也要相信孩子，不要管别人的看法。

◎ 孩子的能力是通过财商教育培养出来的，要相信，世上本没有做不到的事，只有不做，才适得其反。

◎ 不管孩子如何，都可能不被欣赏，总有人认为他不够好，不管别人怎么看，你都不能不注意培养孩子的财商。

"管理好自己"思考题

【反向思维】

◎ 财商培养没有用，孩子就是不愿意学习！

◎ 财商培养到位了，孩子还是不好好学！

◎ 我对如何培养孩子的财商有自己的看法，道不同不相为谋！

◎ 财商培养不到位，反而被别人瞧不起！

【正向思维】

◎ 财商培养之后，家庭和睦了！

◎ 财商培养之后，孩子的能力提高了！

◎ 财商培养之后，父母与孩子相处更融洽了！

◎ 财商培养之后，父母与孩子的误会没有了！

与心对话

每日一问：

家庭生活中总有一些磕磕绊绊的冲突点，很多事情都需要财商，你面对这些问题是怎么解决的？你身边的家庭又是怎么处理的？

请将在家里看到的记录下来：

陶行知说：生活即教育，是指把生活本身当作一种教育来进行，生活中的一切事物都可以作为学习的对象，生活中的一切事物都可以教给我们知识。将生活教育从衣、食、住、行、安全、理财等生活的各个方面融合在学科中。

提升财商，学会理财

- 给孩子存钱不如教会他理财
- 给孩子财产不如给孩子财商
- 理财意识培养的三个年龄段
- 培养理财意识的五种方法
- 财务保障、安全、自由三部曲

给孩子存钱不如教会他理财

教孩子处世能力比给予他金钱更重要，真正负责任的父母，是把生存发展、为人处世的能力教给孩子，而不是留给孩子一大堆金钱或财富。

犹太人有句谚语：“给孩子一座金山，不如教给他们点金术。”这句话在精明的犹太人看来，是说与其给孩子存钱，不如教给他们获得财富的能力。只有这样，孩子才能拥有一座取之不尽用之不竭的金山。

犹太人之所以能成为世界上最富有的一群人，正是得益于他们明智的启蒙教育。

我们的父母是否应该向犹太人父母学习，教育孩子通过自己的努力，去拥有属于自己的房子、车子和金钱呢?

让人理解的是当下的父母，在孩子出生的那一刻，就变成了他们最忠实的“奴隶”，孩子也成了父母一生的“债主”。他们没有考虑的是，未来孩子是不是拥有谋生的能力，父母百年之后，孩子能否真正养活自己。

【案例1】

有这样一对夫妇，女的是建筑工程师，男的非常具有生意头脑，年纪轻轻就成了远近闻名的老板。婚后不久，夫妻两人有了一个可爱的女儿。都说“女儿要富着养”，自从拥有了自己的孩子之后，夫妻两人的生活目标发生了翻天覆地的变化，他们发誓要存下许多的钱，让孩子过上最好的生活。虽然每天下班回家都拖着疲惫的身体，但看着自己可爱的女儿，他们还是倍感欣慰，觉得自己总算尽到了为人父母的责任。

女儿4岁了，还不会自己穿衣服。小学的时候，只要女儿在爸爸怀里撒一下娇，爸爸就会忍不住替女儿写作业，老师批评了很多次，但是这位父亲依然振振有词："老子有的是钱，我女儿的学习好不好没有关系！我努努力，就把女儿这辈子花的钱都给攒齐了……"听完这位富翁父亲的高谈阔论，老师很无语。女儿小学、初中、高中上下学，都是这位"充满爱心"的父亲接送的。大学的时候，女儿因为9门功课都不及格，而被学校劝退。父亲也丝毫不在意，认为自己的女儿上不上大学无所谓，就把她安排在自己公司的市场部"帮工"。公司同事对这位娇生惯养、小姐脾气十足的富家女也是百依百顺。没几年，这位对经营管理知识一窍不通的富家小姐就犯了几次严重的错误。她的最后一次失误，几乎让父亲辛苦打拼下来的公司破产。

面对自己一手"培养"出来的女儿，父亲追悔莫及，虽然已经为女儿置办了这样一份产业、存下了数以千万的金钱，自己却实在不放心将其交到败家女儿手上。

【分析】

像上述故事中这样的父母，在中国绝不是个例，大多数的父母或许不会像他们那么极端，但思想和做法都在不同程度上和他们有着相似的地方。

有人说，中国的父母是世界上最辛苦的父母，他们勤勤恳恳、辛劳终生，就是为了给孩子营造一个密不透风的安乐窝，让孩子的未来衣食无忧。然而“自古英才多磨难，从来纨绔少伟男”，即便是我们给孩子营造了无比坚固的财富城堡，而最终守护这座城堡的人，也只能是孩子自己。因此，真正对孩子负责的父母，终其一生给孩子留下的，不应该仅仅是一笔现成的财富，而应该教给孩子独立生存的思想和创造财富的能力。犹太人有句谚语叫“给孩子一座金山，不如教给他们点金术”。因为只有这样，孩子们才能够拥有一座取之不尽、用之不竭的金山。

犹太人之所以能成为世界上最富有的人群，正是得益于他们明智的启蒙教育。中国有句古话：“授人以鱼，不如授人以渔。”其实中国人历来不乏教子之术，也深知教给自己孩子赚钱的能力，比给他们存下无数的金银财宝要明智。然而，中国大多数父母在对孩子进行必要的理财教育时，却又担心这会让孩子变成“小财迷”，也正是在这种矛盾重重的心理作用下，中国父母对孩子的财商培养往往难见成效。现代社会，理财能力就是生存能力。财商已成为继智商、情商之后又一被广泛认同的现代社会人的基本素质之一，对孩子进行正确理财教育已成为现代家长的必修课之一。

孩子是家庭的希望，同样也是国家的希望和民族的未来。对孩子进行正确的理财教育，不仅是家长的责任，社会各界都有着不可推卸的责任。

【案例2】

美国人的家庭教育是以培养孩子富有开拓精神，能够成为一个自食其力的人为出发点。父母让孩子从小就认识劳动的价值，让孩子自己动手修理、装配摩托车，到外边参加劳动。即使是富家子弟，也要自谋生路。

在瑞士，父母为了不让孩子成为无能之辈，孩子很小的时候就培养他们自食其力。十六七岁的姑娘，初中一毕业就去有教养的人家当用人，上午劳动，下午上学。这样，一方面可以锻炼孩子的劳动能力，另一方面可以帮助她们寻求谋生之道。

在德国，孩子从小就养成自己的事情自己做的习惯，父母从不包办代替。

在日本，孩子很小的时候，父母就给他们灌输一种思想，不给别人添麻烦，父母在日常生活中注意培养孩子的自理能力和自强精神。

【分析】

犹太人一直重视孩子自立能力的培养，将孩子自立能力培养融入孩子成长的全过程，时时注重孩子生活能力的锻炼，在孩子的培养过程中，让孩子不断地完善自己，学会自尊，增加信心，增强法律意识，逐步地学会理解和尊重他人，善于与他人沟通和交往，和谐相处。

他们的最终目标是把孩子培养成为一个积极融入社会、关爱他人、奉献社会，既对自己负责又对他人负责的自立自强的人。

认知:

理解:

做件什么事	怎么做的	做中的感悟

准备:

学会做:

给孩子财产不如给孩子财商

作为父母应该给孩子留一笔财产，还是从小培养孩子财商呢？这成为当下不少父母困惑的问题。

在一般家庭中，孩子走向社会前金钱观念并不强，花销也没有节制，只要自己想要的东西都能得到，这样的生活一旦形成习惯，父母就算留给孩子一座“金山”，也会被孩子花光。

怎么办呢？答案只有一个：从小培养孩子的理财意识，让孩子具有一定的财商，使其终生受用。

不然，父母给孩子100万，孩子乱花钱，维持不了多久就会变得一穷二白，生活会变得更加艰难；如果从小教孩子“取财之道”，让孩子懂得“取之有道，用之有度”的道理，这“用之不绝，取之不尽”的财源就会随着孩子理财能力的不断提升，而源源不断地向孩子滚来。

如果孩子缺乏财商，没有理财的概念，今天逛车展，明天逛超市，后天进高档酒店、娱乐中心，不知道钱的来之不易，钱花完了就管父母要，工作后，工资月月光即成了“月光族”，未来的生活也会越发艰难。

经调查发现：只有少数父母认为“给孩子财商比给财产更重要”，大部分父母认为“父母不会把金钱带到坟墓里，挣钱就是为了孩子”，更错误的是，有些家长顽固地坚持“再苦也不能苦孩子”的错误观点。

更让人难以理解的是坚持“给孩子财商比给财产更重要”的父母，也很难得到孩子的认可和理解，助长了“再苦也不能苦孩子”这种错误观念的发展。

一般孩子在14岁之前，总会对自己的生活及未来做出决定，而且做出的每一项决定都离不开金钱。

14岁以后，父母再想转变孩子的观念就会变得比较艰难，也就是说孩子小时候，即他们渴望学习的时候，是父母实施财商教育最好的时机。如果孩子从小养成了良好的理财习惯，父母就不必担心孩子长大后会有不良的挥霍浪费的习惯。

每一位父母在培养孩子财商的过程中，都不希望孩子只认识钱，会花钱、会挣钱也不是非要把孩子培养成大富豪，而是希望孩子能树立起正确的金钱价值观。

提到财商，大家都会想到金钱，也就是说如何合理使用金钱是财商教育的关键，其实，财商教育是倡导孩子自我满足、生活自律、有计划理财等。

尤其是当下信用卡到处可见，孩子透支信用卡的事比比皆是。在这种情况下，怎样培养孩子合理运用信用卡的能力呢?

其实，最不可取的一种做法就是父母给孩子办信用卡或者直接给孩子附属卡，由父母一起还款，由于孩子不用考虑信用卡还款的事情，非常容易给孩子造成一些错误的观念：孩子觉得信用卡是万能的；卡里有无穷无尽的钱；一卡在手，刷遍天下无敌手。所以我们不建议给太小的孩子信用卡，因为完全没有必要。如果孩子大了，需要有信用卡时，注意一定要给他们办最低额度的。

对于已经办了信用卡的孩子，最重要的是让他们自己用“小金库”还款，因为孩子自己还款时还会发现：信用卡并不是银行，不是想怎么花就怎么花的，有了这样正确使用信用卡的观念，就会受益终生。

很少有父母会有意识地帮助孩子学习认识金钱及财富的意义和价值，造成孩子们对财富的认知和把控能力不足；但是，父母们总希望孩子在步入社会后立刻学会赚钱。这是父母们心里纠结的一个主要矛盾。

现实生活中越来越多的“月光族”“负翁”“财盲族”，甚至屡屡曝出的“校园贷”等令人触目惊心事件，正说明我们财商教育的缺失以及财商教育对青少年学生的迫切性和必要性。

理财不仅仅局限在会花钱这个层面上，还包括如何省钱、存钱等。理财不仅需要孩子有一定的理财知识，还需要孩子有长远的理财规划能力。

【案例】

在中国每逢过年，长辈总是要给孩子压岁钱，孩子们还相互攀比，看谁给的压岁钱多。好像给得多就是好长辈，给得少就不受欢迎。

压岁钱成了孩子每年必得到的礼金，然而这压岁钱压倒了多少孩子的财商，孩子们拿到长辈给的压岁钱，到游戏厅里彻夜不眠、动不动就外出挥霍……

在孩子小时候就教给孩子怎样挣钱，怎样花钱，这样做有什么好处？答案很简单：孩子要生存、要发展，就要从小学会养活自己的本领。

其实，对于孩子财商的教育不分城市和农村，一直坚持正确育人理念的某村村民从小就教孩子怎样挣钱，及早向孩子传授“取之有道，用之有度”的理财观念，从孩子出生就开始对孩子进行生存所必需的财商教育，孩子长大后不但成立了自己的公司，而且还积极回报家乡，为本村建设了高标准的学校。

【分析】

这个村民从小就给孩子创造了学会挣钱的环境，孩子从小就学会了怎样挣钱。我们可以试想一下：那些给孩子压岁钱让孩子任意挥霍的长辈们，给孩子带来的又是什么呢？答案也只有一个，从小就养成挥霍浪费的恶习。

这个问题不得不引起我们深思：我们到底应该怎样培养孩子的财商和理财意识呢？

认知：

理解：

做件什么事	怎么做的	做中的感悟

做件什么事	怎么做的	做中的感悟

准备：

学会做：

理财意识培养的三个年龄段

理财意识的培养可分成三个年龄段，即7岁前、7到12岁、13到18岁。

孩子7岁前，父母带孩子买东西要让孩子来付钱。

7岁前也就是学龄前阶段，父母应向孩子灌输金钱观念。如果孩子想要的东西都由父母付钱，孩子会误以为想要什么东西就唾手可得，如果让孩子来付钱，就有助于让孩子明白，买东西是要付钱的，多少钱买多少东西，孩子由此就会体验到金钱的功能。

7到12岁，父母为孩子开一个活期储蓄账户，培养孩子有计划地花钱。

7到12岁的孩子，对理财开始形成自己的概念，这时候父母可以考虑为孩子开一个活期储蓄账户，给孩子一定的零用钱，让孩子自己支配。父母可以跟孩子一起做花销规划，这样可以培养孩子最基本的生存及理财能力，还可以向孩子传授一些理财常识。

13到18岁时，孩子就会对理财有比较成熟的认识。父母可以鼓励孩子尝试用投资的手段使财富增值。这个阶段的孩子处于青春期，心理上已开始有独立自主的意识，情绪起伏比较大，而且比较容易叛逆。父母在和孩子沟通时，应当尽量以朋友的姿态给出建议。

【案例1】

王老师给师晓迪布置了“我的理财”命题作文，布置完之后他有些担心，一个被父母宠爱着的16岁女孩能真的理解“理财”这个如此抽象的概念吗？当然，王老师的疑虑很快就被打消了。原来在这个典型的中国特色家庭中，晓迪跟王老师一起听了理财师对孩子理财的建议，写出来的东西竟然一语中的。不仅意识到理财从节流开始，而且感受到父母在孩子养成正确理财花钱习惯上的重要作用。

父母帮助孩子做好理财功课，培养正确的财商，不仅是告诉孩子如何挣钱、攒钱、花钱的问题，更是要让小孩学会对自己的人生负责。王老师认为这是这一代父母应该关注、改善的方面。

【分析】

要注重孩子智商、情商、财商的培养，“三商”共同促使孩子茁壮成长，孩子就有可能赢得更精彩的人生。成功的智商、情商和财商教育会使孩子更加自信、自立。

理财意识的培养越早越好。六七岁是孩子养成习惯的最佳时期，对于孩子财商的培养，六七岁以下的孩子，重点放在让孩子养成不乱花钱的习惯，也就是“财”的教育，六七岁的孩子，除了培养勤俭节约习惯，也要有意识对他们进行“理”的培养，即先节流，后开源。教会孩子独立理财，引导孩子合理支配自己的钱。

【案例2】

暑期过去三分之一了。有一天，李玲的儿子拉着她去超市，要买一把水枪。

枪不贵，超市促销不到5块钱。李玲觉得家里有以前的旧水枪，就拒绝了。儿子噘起小嘴儿很不高兴。

李玲心里不忍心看着儿子不高兴的样子，刚准备依了他。姥姥过来说：“你把这钱省下来存到他的存钱罐儿里，攒多了，再买个更好的。”

李玲没想到儿子一下高兴起来了，回家要求李玲把身上的钢镚儿都给他，一个一个塞进了他的存钱罐里。

过了好久，李玲回家，不见像往常一样在门口迎她的儿子，正感觉奇怪的时候，姥姥迎上来说：“这不，刚才看新闻的时候，听说发洪水啦，他正在屋里数钱准备捐款呢。”

李玲进屋一瞧，这个小家伙把存的钢镚儿散了一地，分摞数，一边数一边抬起头来跟李玲说：“妈妈，我有69块2毛钱了。咱们捐10块吧！洪水受灾的人多难啊！”

李玲心想：培养孩子的理财观念，不仅可以促使孩子学会节约，还使孩子有了爱心。从那天起，李玲开始从点滴小事培养孩子的好习惯、好品德。从孩子的零花钱存入储蓄罐开始，又增加了两个储蓄罐，并分别给储存罐贴上“储蓄”“零花钱”“爱心”三个标签，教儿子合理分配金钱，以此建立正确的消费观和理财观。为调动儿子存钱的积极性，儿子每储蓄1元，李玲奖励他1元，也存入储蓄罐中，鼓励儿子完成储蓄过程。

【分析】

案例中的姥姥利用孩子见到枪就想要买的机会，培养孩子存钱意识，如“把这钱省下来存到他的存钱罐儿里，攒多了，再买个更好的”。引导孩子养成延迟满足的习惯，并促使孩子养成存钱的习惯。

父母要有意识地引导，让孩子通过攒钱来买到自己想要的东西，感受储蓄带来的快乐和价值。

认知：

理解：

做件什么事	怎么做的	做中的感悟

准备：

学会做：

培养理财意识的五种方法

父母培养孩子理财可以从以下五方面着手：

1. 帮孩子树立正确的金钱观

父母要向孩子传达“劳动创造财富”的道理，让孩子知道每分钱都是父母辛苦挣的。如果有机会，父母可以带孩子参观一下自己的学习与工作单位，这不仅可以让孩子明白钱是如何赚来的，更能增进亲子感情。此外，父母要随时纠正孩子不劳而获、铺张浪费、拾到东西不还，甚至偷窃等不良心理和行为。

2. 教孩子合理支配零用钱

父母要根据实际消费需要适当给孩子零用钱，千万不要给孩子太多，更不要一次给孩子整个月的零用钱。父母应事先跟孩子讲清楚，一周的零用钱是固定的，万一没到周末就用没了，父母是不会额外再给零用钱的。

3. 让孩子学会储蓄

父母要给孩子确立一个储蓄目标和计划，然后给孩子买一个储蓄罐，孩子手里拿着漂亮的储蓄罐，储蓄的欲望会大大增加。也可以为孩子办一张银行卡，耐心引导孩子将自己的零用钱、压岁钱存进去，并且不能随便乱动储存的钱。

4. 让孩子学会合理消费

父母带孩子去购物之前，最好列一张购物清单，让孩子自己去买东西。孩子稍微大点后，应该试着让他单独购物。孩子一旦买了没用的东西，父母应让其自己买单，以此来培养孩子良好、合理的消费习惯。

5. 让孩子早点学投资

投资是指放弃现在可利用的价值，去获得未来更大价值的一种活动。通过投资，孩子可以更好地理财。常见的投资方式主要有储蓄、债券、股票、基金、保险等。但是投资具有风险性，父母要引导孩子在自己能力范围内和兴趣基础上，选择适合自己的投资方式。

【案例1】

夏保罗先生对孩子财商的教育培养，首先是从教他们记账开始的。他在孩子有了数字概念后，便要求孩子把父母给的每笔零花钱的来龙去脉都清楚地记录下来，一周还要对自己的花钱情况进行一次检查，看哪些钱该花，哪些钱不该花；哪些钱花多了，哪些钱该花而没花出去，然后夏保罗先生会对他们进行讲评和指导。

夏保罗先生曾说："对于一个家庭来说，小孩不会理财，富不过三代。"孩子们5岁的时候，夏保罗先生就开始教他们认识财富，让他们学习理财，一方面可以让他们不小气，另一方面也可以让他们学会把钱花在刀刃上。

【分析】

对于一个家庭来说，没有比孩子和金钱更棘手的问题了，所以财商训练能够帮助孩子更聪明地攒钱和花钱，以使他们在以后的人生中能更明智、更高效地与金钱打交道。

【案例2】

逢年过节，孩子都会从亲戚朋友那里获得不少的压岁钱，当孩子的钱积累到一定程度，妈妈会习惯地将孩子存下的零用钱或压岁钱以"妈妈替你存下来"为借口，全数收回去，并认为这样做是怕孩子乱花钱。

【分析】

家长的这种做法，不仅不会预防孩子乱花钱，反而会促使孩子一拿到钱就赶快花掉。因为他们会认为：存下来的钱被大人“没收”，还不如自己花掉呢。

学会将零散资金系统运用是孩子学会理财的重要一步。

父母完全可以给孩子建立一个“小银行”，使他们拥有一张储蓄卡，你可以利用一些银行产品让孩子学会“强制储蓄”，让小钱变大钱，如零存整取或整存整取、进行教育储蓄等。也可以告诉他们要坚持下去，为自己的储蓄卡负责任，在没有必要花费时不要随便动用卡里的钱。这样长期坚持下去，储蓄意识将扎根在孩子脑中，孩子也会逐渐养成储蓄的习惯，为以后学会“投资”打下思想基础。

认知：

理解：

做件什么事	怎么做的	做中的感悟

做件什么事	怎么做的	做中的感悟

准备：

学会做：

财务保障、安全、自由三部曲

本杰明·富兰克林说：“人生有两条通向幸福的道路：降低要求或者增加财富，聪明的人会同时给自己创造两条路。”

每个人都有权利去实现自己的财富梦想，为了让这个梦想成为现实，首先要对这个目标有一个准确的认识。

这个准确的认识就是在拥有财务保障、财务安全和财务自由（投资理财三部曲）的前提下稳步地投资理财，如保证你生存的资金是多少？（财务保障）剩余的资金是否合情、合理、合法？（财务安全）投入的资金多长时间能达成你的

发展目标？（财务自由）

第一部曲：财务保障

财务目标确立以后，你是否想过怎样用自己的能力改善自己的财务状况呢？

假如在日常生活中，你突然断了生活来源，如欠你钱的人无法还钱、公司破产突然把你解雇了，或者是家人或你突然生病了等意想不到的事件发生后，你所能支配的资金能支撑多久？这就是在投资理财决定前你的财务保障资金（银行卡里必须有的资金），任何与以上无关的事情（项目）都不能动用这笔资金。为了保证这个保障生存的资金，你需要明确每个月有多少这样的固定花销，也包括你和家人偶尔生病需要的费用。

如果你只是某单位（公司\院校）职员，需要将以下“个人花销”写出来；如果你是个体经营\创业者（公司老板），需要将你的“业务支出”写出来。

1. 每月个人花销

1	房屋抵押贷款/房租	元
2	日常家务开销/伙食	元
3	交通费/汽车	元
4	保险	元
5	预付税款	元
6	家务费用	元
7	通信费	元

8	信用贷款	元
9	其他	元
10	每月开支合计	元

2. 每月业务支出

1	业务支出	元
2	房租抵押贷款/房租	元
3	办公费用	元
4	员工工资	元
5	通信费	元
6	代理机构花费	元
7	信用贷款	元
8	每月开支合计	元

上面的数字是你每个月必需的开支（财务保障），你每个月需要收入多少钱呢?

个人收入（工资）：_____元

业务（项目）收入（含理财）：_____元

你的收入−你的开支=你的存款

在你每个月有存款的情况下，你的生存才有保障。

3. 个人（家庭）幸福的财务保障

你（家庭）的生存需要多长时间的财务保障，取决于你（家庭）的保障需求、你（家庭）的理财（挣钱）能力和你的工作情况。

假设你或家人生病、你因此丢了工作，在你病愈且找到满意的新工作之前，这种情况你（家庭）的正常生活能持续多久？为了你（家庭）的生存有保障，你至少需要6—12个月的储备金，直至你重新开始工作。

你（家庭）用于财务保障的储备金应该有：（每月支出总额乘以重新工作需要的月数）：___元×___月=___元。

这个数字就是你获取财务保障所需的最低数。如此，你的健康、幸福以及你的家庭才有了生存的保证。

如果你有了上述这笔金额，你才可以安心去寻找你满意的工作或开展你想开发的新项目，才会拥有个人和家庭成员的生存安全感。

生存安全感是每个人都需要的，任何人面临困境时，都需要有支持自己的后盾，有了后盾，才可以更好地解决生活中的困难，这个财务保障就是你真正的后盾，除此之外的任何人都不能保证你在意外和不幸来临时不受伤害。

4. 要为你的企业做好财务保障

据民政部统计：80%的民营企业都会在前5年破产，破产的主要原因，几乎全是缺乏资金。

超过2/3的受访企业证实：企业破产的另一个原因是客户付款信用不良，坏账和延迟付款是造成企业破产的最大问题。

因此，财务保障不只是你的个人需要，对于你的家庭、企业同样重要。如果你的家庭、你的公司突然中断了收入，你个人需要多长时间的财务保障支撑你的家庭、你的企业呢？比如，你的企业客户不按时付款，有的要等收到你的律师函才去付款，有的甚至要被起诉后才付款，那么这笔钱就需要由你个人先垫付。

有很多业务经常是你意料之外的情况，另外，你还有可能输掉诉讼或者你赢了这场官司，但由于对方没有偿还能力，钱还是收不回来。

因此，要给你的企业准备足够的财务保障，不到万不得已，绝对不能去碰这笔资金。

5. 创业或投资的财务保障

在企业发展初期和上升期，你不能将所有资金都用于公司建设，这也许会伤害你的企业家精神，但是，请你不要忽视那些不可预测的情况。

在计算资金时，永远不要将墨菲定律抛到一边：投资好，但抓准时机投资会更好。

经济运行是周期性的，下一次经济衰退会不可避免地发生。假设你面前是个经济低谷，也许你的公司会淹没在这个低谷里，如果这时你刚好有足够的资金，就去抓住机会。

没有哪个时期比经济衰退期更适合投资。

若把所有因缺少财务保障而破产的公司，以及在经济危机时期，因为拥有资金而获得飞跃发展的公司列一个清单，恐怕一千本书的篇幅都不够。

如果你真的具有一颗做好企业的心，请你一定要先做好企业的财务保障，选择一项合适的理财方式，在取得不错收益的同时，保障你的公司在危机时期免遭破产，并提供积累财富的机会。

6. 实现财务保障需要多长时间

创业公司有一个简单的规则：目标越小，实现的速度越快。财务保障是短期目标也是你创业前的一个必须尽快完成的目标，如果你还没有实现，必须先实现了再选择下一个目标。

7. 创业或投资的预算计划

要创业的每个人都应当定期做好预算计划，让自己清楚每个月到底有多少开销，清楚自己把钱都花到了哪些地方，只要没有实现财务保障，就必须考虑对预算进行认真地审查，明确列出你所有的收入和开支。

在你明确所有开支后，才能开展计划，做出适当的选择：一则明确你的正常花费；二则明确你的月支出最大额。为避免超出预算，要明确在哪些项目上可以削减开支。

“败家子”保罗的净收入是2500欧元，支出为2375欧元。他每个月只能存125欧元。为了获得安全感，他想有10个月的财务保障，因此一共需要23750欧元。要用每月结余的125欧元实现这笔财务保障，他需要190个月（不算利息）：因为财务保障是第一个最低计划，因此“败家子”保罗很快就失去了理财的兴趣，选择了放弃，将墨菲定律埋在一个角落了。

“守财奴”海蒂每月的净收入也是2500欧元，她也希望有10个月的财务保障。但是她每个月1750欧元便够用了，因此她的目标较小，她只需要17500欧元。另外，她每个月结余较多，可以更快地实现这个小目标：她只需2年时间便实现了！

较小的财务保障目标更有利：一是目标较小时，能尽快地实现；二是每月开支越少，结余越多，越能更快地实现自己的财务计划；三是只要能坚持下去，财务目标就会实现。

第二部曲：财务安全

第一部曲“财务保障”给你带来很多益处。你可以安全地渡过一次次危机，你会感到投资、理财、创业有了安全感，可以时刻准备面对一些未知的意外了。但是，财务保障还有一个很大的缺点：一旦意外情况发生，你会花光所有的积蓄。

虽然你在财务上安然无恙地渡过了一次危机，但是你的积蓄都没了，真正保险的办法是你需要积累足够的资金，使你可以靠利息生活。

请再次列出你必要的支出项目。

这一步的重点不在于你要实现多大的飞跃。这一步只需要让自己达到一个安全稳固的状态。很简单，你可以拥有舒适的生活，且不必考虑钱从哪里来。也就是说，你有了一个自己的赚钱机器，养了一只可以下金蛋的“鹅”。

1. 每月必要的支出和花费

1	抵押/租金	元
2	伙食费/日常开销	元
3	汽车/保险/税费	元

4	赡养费/抚养费	元
5	电话/贷款	元
6	积蓄（度假，置办大件物品）	元
7	培训/捐款	元
8	其他	元
9	总计	元

2. 你需要多少资金

现在你就要计算出保障每月生活所需的最低金额。也就是说，你知道每个月需要的这颗金蛋有多大。由此也能算出要养一只多大的“鹅”。换句话说，你需要足够的资金，并且合理地投资理财，让这笔资金每个月给你带来足够的利息收益，来保障你上面列出的那些开支。还有一个重要的问题就是以何种利润率进行投资。谨慎起见，我们“只”假设每年8%的纯收益，毕竟这一步重点在于财务安全。

公式很简单：每月所需资金×150=资金总额。

3. 你欠自己一份财富

7年之后开始的未来，正是你今天所准备的未来。7年后，你要么就根本没有改变你的财务状况，要么就至少部分实现了你的财务安全。

有的人不去从事自己感兴趣的职业，主要原因就是缺钱，也是一种才能的浪费，因为我们只有在做自己喜爱的事情时，才会感到真正的幸福。

一个从来没有做过使自己快乐而有意义的事情的人，从来不会知道自身究竟蕴藏着多少潜力。

如果有人无法走出关键性的一步，不能做自己感兴趣的工作，那么往往都与金钱有关。

业余人士往往着眼当前忽略未来。他们一辈子为一些同样的问题而烦恼。因为他们不会明智地储蓄，没有为自己创造一种不再有经济烦恼的生活。

成功人士的处理方式就完全不同了。他们活在当下，同时也为未来做着准备。

他们总会使自己变成一名成功的理财专家!

第三部曲：财务自由

也许你生活的最高目标是实现财务安全，也许你想的更多，因为人人都想获得财务自由。

大多数人之所以实现不了财务自由，就是因为他们从来没有考虑过：创业需要为自己的梦想付出。

我们可以探讨一下如何才能获得财务自由。

1. 创业绝不可动用你的本金

我们必须澄清一条重要的原则：你永远不能杀你的“鹅”，你也不能将它切割成小块。就像李嘉诚说的那样：“成功的秘诀是利用别人的钱赚钱。”意思是说：创业的成功绝不能动用你的本金，你所有的梦想，都是借助“金蛋”来满足的，这也意味着你的金蛋必须大到足以承担你的梦想的程度。

假如你想买一栋房子，如果你已经实现了财务自由，你无疑可以使用你的剩余资产进行创业，如果不是这样，你的资产就会缩水。所以说，创业时一般应采取分期付款的方式来进行。

2. 如何计算你的梦想所需的花费

计算你所需的花费，先不要考虑你的愿望现不现实，将你所有的愿望列出来，即先预测一下你的愿望需要花费多少金钱。

逐条列完之后，再在每一条后面写上大概的置办费用。

请记住，永远都不能动用你的“本金”。

因此，必须采取分期付款的方式来置办所有的大件。我们可以先计算一下，每件置办物的月付额是多少。

为了简单起见，建议你将不动产分为120期来偿还，其他的置办物分为50期。比如，你想买一栋价值1300万元的房子：你将这笔总金额分成120份，月供10833元，包括4%—6%的利息。

此外，你还想买一艘价值240万元的船。按照50期来偿还，那么加上利息，月供额为48000元，5年之内还清。

假设你热爱旅游，每年都想进行几次旅游，总花费金额为35000元，你将35000元划分为12期，那么你每月需要2917元来满足旅行的需求。

3. 将你实现财务自由之后仍然存在的日常支出列出来

针对这笔支出，你应该使用你的利息进行支付，同时要考虑到，在更高的生活水平上，你的支出也会相应提升。

现在请将你的一切愿望都列出来，计算一下支付所有这些，需要多高的利息收入，即为梦想而支付的月供额。请你计算一下你的日常月支出额：

1	伙食/家用支出	元
2	雇佣他人薪资	元
3	汽车/保险/税费	元
4	通信/度假	元
5	办公设备购置	元
6	娱乐消遣/礼物/学习深造	元
7	捐赠与融资	元
8	日常支出总额	元
9	计划开设项目预算成本	元
10	财务自由的月成本总额	元
11	其他	元
12	合计	元

现在你已经清楚要过上感觉舒适幸福的生活需要多少金钱了，也知道要满足你梦想的生活方式你的金蛋必须有多大，接下来我们必须弄清楚“鹅”的大小，即你需要存储多少资本，让它每月为你带来你所需的足以支付你所列各项的收益。

我们还是以每年净收益率8%（也就是月利率0.67%）来计算。用你每月需要拥有的金额乘以150，即：

____元×150=____元

现在你清楚要满足你所有愿望所需的金额了。

接下来你必须认真思考一下，如何才能以最优方式投资，以实现你的目标。

4. 确定你的投资策略

你现在有3个不同的、相互关联的财务计划。针对每一个计划，你都需要一个专门的投资策略。

（1）实现财务保障不要去冒险。

最重要的标准是金钱的可支配性，你必须每天都有金钱收入。

因此，你最好将你的金钱放进保险箱或是投入现金基金当中，在你实现财务保障之前，你都不应该去冒险。

你应该选择低风险的投资项目，就算是这样，你还是要注意管控可能出现的风险，永远不要将你所有的金钱全都投进一个投资项目中，即使“你全部的资金”加起来只有1000元。

记住，对风险的管控就意味着盈利机会的增加。

在实现财务保障之前，请保持让财务安全处于中心位置。你应该容忍低利润率，将一部分现金存放在银行储蓄账户中。

（2）坚持40：40：20的原则，保证你的财务安全。

要实现财务安全，必须改变金钱的投放比例。虽然你的大部分金钱还是得用在低风险的投资项目上，但是你可以将40%投入风险适度的投资项目中。如果你长期坚持不动用这笔钱，在“平均成本收益”的作用下，风险会极大降低：剩下的20%你可以投入风险较高的项目中，这就涉及一些冒险型的基金，比如：新兴市场基金或国家基金，以及所有的特殊基金和企业参与型基金。（这种基金的风险也能在时间和“平均成本收益”的作用下减小，而在另一方面，你获利的概率也是极大的。）

要注意的是，千万不能将用于保证你财务安全的金钱投进高风险或是投机性质的项目上，千万不要动用这笔钱，即投资必须保证你的财务安全不会受影响。

（3）秉承50%中风险，50%高风险，实现财务自由。

实现财务安全之后，就应该抽取一部分金钱以实现财务自由了。也就是说，冒较大的风险也需要去寻找收益率远高于12%的投资项目，这样，即使一个或两个投资亏损了，也能通过高收益投资项目来补偿此类情况。

请注意：想获得更多的资金增值，就必须去管理投资项目。即使一切都跟你作对，也只用那部分你不需要用来实现财务安全的资本来冒险。

【案例1】

约翰·斯蒂斯·潘伯顿医生创造了一种由糖、水、古柯叶、坚果和咖啡因组合而成的全新混合饮料。他声称这种饮料可以治愈所有神经性疾病，包括头痛、神经质和抑郁症。特别的是，它能将饮用者带入极其美妙的状态。

销售宣传的第一年，潘伯顿医生花费73美元做广告，只卖出了50美元的产品，接下来的5年，这种状况没有取得太大改善。由于资金缺乏，潘伯顿医生把配方以2300美元的价格卖给了亚特兰大的一位药剂师凯德勒。

药剂师凯德勒有足够的资金让产品合理地打入市场。

11年后，他以2500万美元的价格，把可口可乐公司和配方卖给了欧尼斯·伍德瑞夫。

伍德瑞夫是一位银行家，他把这家公司转变成了股份制公司；第一年他就卖出了价值4000万美元的股票。除去收回投资，他获得了1500万美元的可观收益。

1929年至1937年爆发了全球最大的经济危机。尽管如此，还是有一些人在进行投资。谁要是在1932年以单价20美元买入可口可乐股票，1937年以160美元卖出，5年内自己的钱就翻了8倍！

【分析】

为什么会产生这么大的区别呢？原因就是对资金的持有！不要让你的金钱从指缝中化为乌有，至少牢牢抓住其中一部分。那么不只是在财务上，你将在各方面都取得回报。

也许对你来说，立刻去实现财务保障比较困难。但你如果没有财务保障，肯定会更加艰难，有了财务保障，就已经创造了实现财务目标的前提。比如，你需要75000欧元财务经济保障，把这笔钱以年收益率5%去投资，20年后你大约会得到120万欧元。如果20年间每个月额外结余750欧元，以年收益率12%投资，你还能再获得650000欧元。总共你能得到185万欧元这是非常可观的金额。

这能够满足你的梦想吗？财务自由对你而言，意味着什么，你需要多少资金？搞清楚这个问题前，才能实现财务安全。

问题在于你觉得够不够。

【案例2】

假设“守财奴”海蒂每个月需2000欧元来保障生活开支，那么根据以上公式可以算出：2000欧元×150=300000欧元。

因此，“守财奴”海蒂总共只需要300000欧元，就能获得每月生活所需的2000欧元。她不能动用自己的“鹅”资金，这300000欧元会自己生金蛋，她在任何时候都不必去动用这里面的一分钱：如此，她可以轻轻松松付清所有账单，还能积攒一笔钱用来购物和度假。因此，300000欧元使她实现了财务安全，她可以仅靠这笔资产生活，理论上讲，她也不再需要继续工作。

现在请你计算一下，你需要多少金钱才能实现财务安全。

每月所需资金×150=资金总额

【分析】

请思考一下，如果你现在已经拥有这么一笔资产了，你会做些什么事情？为了让你更轻松地回答出这个问题，我在这里给你一个小提示：假设你只能再活6个月，你还想做哪些事情呢？你想去哪些地方？你想和哪些人在一起？想做哪些事情生存下去？

也许你远远不止活6个月，但你不可能永生，如果不是金钱，那又是什么在阻碍你去做这些对你而言十分重要的事情？你看，不给金钱恰当的关注度是多么危险的一件事情啊。

你刚才写下的数字会让生活产生重大变化。问一问自己：这笔钱会使唤你的日常生活产生何种程度的改变？你还会再继续从事你当前的这份工作吗（图2）？

认知：

理解：

做件什么事	怎么做的	做中的感悟

准备：

学会做：

本章复盘

◎ 小问题

回答下面的问题，帮助你理解理财意识培养在家庭教育中的必要性。

1.理财意识培养的目的是什么？

2.理财意识培养首先要做到什么？

3.理财意识培养的步骤是什么？

4.理财意识培养有哪些要注意的环节？

5.理财意识培养有什么效果和表现？

6.理财意识培养和掌握知识应该如何区别？

7.理财意识培养的方式不同，效果有什么不一样？

8.理财意识培养的问题有哪些？

如何做更好的父母

◎收起你的懦弱，摆出你的姿态，重视起理财意识培养，不要打击孩子的积极性。

◎就算周边的人（含家庭成员）都否定孩子，你也要相信孩子，不要管别人的看法。

◎孩子的能力是通过理财意识培养出来的，要相信，世上本没有做不到的事，只有不做，才适得其反。

◎不管孩子如何，都可能不被欣赏，总有人认为他不够好，不管别人怎么看，你都不能不注意培养孩子的理财意识。

“管理好自己”思考题

【反向思维】

◎理财意识培养没有用，孩子就是不愿意学习！

◎理财意识培养到位了，孩子还是不好好学！

◎我对如何培养孩子的理财意识有自己的看法，道不同不相为谋！

◎理财意识培养不到位，反而被别人瞧不起！

【正向思维】

◎理财意识培养之后，家庭和睦了！

◎理财意识培养之后，孩子的能力提高了！

◎理财意识培养之后，父母与孩子相处更融洽了！

◎理财意识培养之后，父母与孩子的误会没有了！

与心对话

每日一问：

家庭生活中总有一些磕磕绊绊的冲突点，很多事情都需要理财意识，你面对这些问题是怎么解决的？你身边的家庭又是怎么处理的？

请将在家里看到的记录下来：

陶行知说：所谓健全人格须包括：一、私德为立身之本，公德为服务社会国家之本；二、人生所必需之知识技能；三、强健活泼之体格；四、优美和乐之感情。

Part 3

要注重培养孩子的商业思维

- 何谓商业思维
- 提升孩子商业思维的要点
- 如何由贫穷变为富有
- 怎样才能实现财务自由
- 从小让孩子学会用脑赚钱
- 要学会投资理财

何谓商业思维

很多人将“商业思维”简单地定性为在商业交易中存在的，甚至是与买卖活动相关的，于是错误地认为：我的工作跟买卖没关系，没有商业思维的必要。

管理学大师查兰在《客户说》中说：“商业思维就是把握经营本质的能力，包括利润率、投资回报率以及增长率等。”简单来说，商业思维就是一种“以利益为先”的思维。

实际上，商业思维的应用范畴远不止商业活动这么简单，它是一个人生活中的重要部分，在日常经济行为中、个人的事业以及发展中、人际交往中都具有非常重要的作用。

1. 成功的人都是具有很强商业思维的人

让我们从认识商业思维概念的意义与它在生活中的作用开始来了解这个问题吧。

很多时候，由于商品或者服务的价值与人们付出的价值不对等，就会使人们产生“钱花得不值得”或者“某个工作工资太低”等想法，其实，这就是一种实际价值与实际付出不对等的体现。比如，一片面膜的成本只有5元钱，商场却卖50元一片；同样的一碗面条企业旁边小吃城要10元一碗，到某某酒楼要30元一碗，大部分人都会觉得在某某酒楼这个钱花得不值。但是，某某酒楼的效益一直高于企业旁边小吃城。

有商业思维的人会认为：餐厅卖的从来不是菜，而是环境与服务。某酒楼比企业旁边的小吃城多了很多优势，如更加安静的环境、更加优质的服务、更加多且干净的配料；同时，某酒楼也付出了更加高昂的租金，更加高昂的备菜以及人工成本，吸引了更加高端的客户。

这就说明商品的价格，始终取决于满足客户的需求。

2. 沟通能力强、情商高的人，都是具有商业思维的人

很多人总会把“利益”这个词单纯看作一个经济概念，以为商业思维只是从经济利润出发。实际上，“利益”这个词不仅仅包含在经济上，还包括人脉、事业以及个人职业发展上。从这个层面上讲，有商业思维的人就是有交易意识的人。

如果我们把商业意识与交易意识放在人际交往上来理解就不难发现：缺乏商业意识的人心里没有别人。人际交往与商业活动模式也是基本一致的，在生活中与他人交往，就是一种销售自我的过程，同时也是被认同、被赏识的过程。

商业思维强的人，更加关注长期收获，更加关注自己的可持续发展。

因此，我们必须对于自身的定位做一个调整，变“任务”为“成长”，这样不仅能够使你更有工作热情而适应社会发展，还能够更好地促进你的成长。

要成功就要付出常人不能付出的努力，如果物流公司运货速度已达到240万票/秒，如果你是企业主，相信会了解这

个数字的意义。企业主更关注的是速度，时间就是金钱，在这里需要提醒大家：无论是日常生活，还是创业，养成一个好习惯很重要。

在企业运行中，物流快、现金快、周转快，产品生产就会快，挣钱也就会越来越快。经营一个企业如果能让金钱为我们工作，我们就成了吸引金钱的人。

有了如此对金钱的认识，就有了商人的思维，同时也提升了社会投资理财的三种能力（驾驭团队、风险、资金），如果以上问题解决得好，就会快速建立起产品流通渠道，源源不断地产生现金流，就会有机会进入商业思维的高级阶段，吸引大量的风险资金、战略投资，完成你的创业项目。

【案例】

一把成本为20元的梳子，当它主要被用来梳头的时候，它的价格可能是40元；当它具有养护头皮、护发养发的功效时，它的价格可能是200元；当它作为被寺院开光的祈福梳子时，它的价格可能是500元；当它上面刻有大师的书法刻印的时候，它的价格可能是1000元。

【分析】

商品的用途越多，越符合人们的生活需求，它产生的价值就越高，餐厅也是如此，如果它仅发挥它原始的功能，那么，他也就只能获取原始的效益，如果我们将其拓展出更多的功能，它就会产生更多的效益。

认知：

理解：

做件什么事	怎么做的	做中的感悟

准备：

学会做：

提升商业思维的要点

国务院发出“万众创业，大众创新”的号召以后，商业经营逐步进入普通大众乃至家家户户。

一个家庭如何创业？如何创新？关键就在于家庭成员的商业思维能力提升，那么又该如何提升商业思维呢？

一是要采取实践行动，不能只停留在口头上，商业思维能力的提升，绝不是靠空话、口号，而是要脚踏实地地实践。

二是要学习和吸收优秀商业人士的经验，深入理解企业家独特视角和思维，从而耳濡目染地提升自己的商业思维。

三是要阅读经典企业商业管理书籍（10本以上），从而掌握基本的商业管理逻辑和思维，达到预期的效果。

四是要多和有经验的人士交流，尤其是要与企业高管进行聊天，在聊天中了解企业经营管理中的经典场景和经验教训，从而在自己经营管理企业时吸取经验教训，少走弯路。

五是要和企业的优秀法务（法务总监）进行聊天，了解整个企业在经营和发展过程中要遭遇或者可能遭遇的法律实务问题，从而在自己经营企业时，对可能出现的法律问题及早进行预防和控制。

六是要不断地复盘和总结自己在商业思维能力提升方面的进步与失误，从而尽量避免失误。

七是要不断迭代自己的认知，形成自己的认知框架，只有具有框架的知识体系才能真正提升自己的商业思维能力。

【案例1】

有一朋友，做人特别吝啬，从来不会把东西送给别人。他最不喜欢把自己的东西送给别人。

有一天，他不小心掉到河里去了。他的朋友在岸边立即喊道：把手给我，把手给我，我拉你上来！这个人始终不肯把手给他的朋友。他的朋友急了，又接连喊道："把手给我。"他情愿挣扎，也不肯把手给出去。

他的朋友知道这个人的习惯，灵机一动喊道："把我的手拿去，把我的手拿去。"这个人立马伸出手，抓住了朋友的手。

【分析】

"给我"还是"拿去"？在理财中，你是不是一直在表达"把你的钱给我"，但消费者就像上面那个吝啬的人，情愿在痛苦与不满足中挣扎，也不愿意把钱给我们？如果把表达换成我们的产品拿去，是否会更好一些呢？"给我"还是"拿去"？这是一个问题，也是一个精明的商业思维，是能否从他人的角度去设计成交，设计商业模式的问题。

【案例2】

有一次，我们旅行到乡间，看到一位老农把喂牛的草料铲到一间小茅屋的屋檐上，不免感到稀奇，于是就问道："老先生，你为什么不把喂牛的草放在地上，让它吃？"老农说："这种草草质不好，我要是放在地上它就不屑一顾；但是我放到让它勉强可够得着的屋檐上，它就会努力去吃，直到把全部草料吃个精光。”

【分析】

看完这个故事，你大脑里想起的第一个产品会是什么？小米手机！没错，雷军就是那个老农，把小米手机放在屋檐上，让你勉强可以够得着，让你欲罢不能地想去够着。容易得到的，也会随手扔掉。太难得到的，有些人争取一会儿就放弃了。只有勉强得到的、意外得到的，人们才会感到惊喜，倍感珍惜。

认知：

理解：

做件什么事	怎么做的	做中的感悟

准备：

学会做：

如何由贫穷变为富有

现在社会依然存在着贫富差距，并且越来越大，穷人越来越穷，富人越来越富，而且逐步形成了穷人世袭制，即穷人占多数，富人占少数。

穷人要想成为富人，就必须从思维开始转变，跨越穷人思维的种种障碍。

1. 原始资本积累的转变

当下，白手起家更加困难重重，要致富更需要原始的资本积累。对于穷人来说，原始资本的积累相对富人稍有困难。但是，只要努力奋斗，也不是不可实现的，比如：先找一份稳定的工作，解决温饱问题，再将已有的知识和生活经验的积累应用于生活。富人实现100万元的目标，可能需要5—10年的时间，穷人只要付出比富人更多的努力和汗水，也是能够实现的。

2. 要“富”就要学会投资理财

穷人“穷”是因为他们总认为自己没钱或是钱少没必要投资。无数的社会实践证明：这种想法是极其错误的。投资是一门学问，绝不是等到有钱了才去投资，即使再少的钱也可以用来投资。比如，每月向银行定期存款100元，5年到10年后，就会成为一个不小的一个数目；借贷（或浪费）100元，5年到10年也是一笔不小的“债务”。总之，投资的回报与投资时间始终是成正比的，时间就是一笔巨大的财富。

3. 学会勤俭节约，不要满足现状

我们只要细心，就不难发现：越是富人越勤俭节约。穷人更应该要勤俭节约，用好自己的每一分钱；富人之所以富，就是因为他们不安于现状，通过自己的努力拼搏，来创造更多的财富，穷人一般都喜欢找个稳定的工作，安于现状，不敢去冒险、去创新、去创业，从思想上总是赚得起，赔不起，不敢轻易冒险。穷人要致富就要突破自身的束缚，大胆去冒险、去创新、去创业，只有这样才会成为富人。

只有敢于冒险的人才有创新性，只有创新才会有所发展，只有走在社会发展的前面，才会成就自己的事业；如果前怕狼，后怕虎，那就必将一无所获，终身受穷；要胆大心细地去开拓自己的事业，才会有所发展；跟在别人的后面追风，永远得不到大的蛋糕，所以穷人一定要去大胆地开拓才行。

4. 要广交朋友，积累人脉

要想成为富人，必须要有很好的人脉，多交好的朋友，对于事业的发展是有好处的；穷人多结交一些富人的朋友，向他们多多学习，学习他们致富的方法，就会逐渐富有了；富人的富不仅仅是他们有钱，而是他们有人脉资本意识，基本做到了“一方有难，八方支援”，即使有风险，也能在最短的时间内化险为夷，这也是经营资本的经验和技巧。

5. 做好人生规划，明确生活目标

穷人只有给自己设定明确的目标，并且为实现目标去不断地努力奋斗，才有成功的希望，刚开始起步虽然有些艰难，随着自己财富的积累，就会变得越来越轻松，每天要养成早起的习惯，把时间充分利用起来，像富人一样生活中有野心，工作中有激情，做事的效率就会提高，平时少说多做，沿着自己的目标一个一个地实现。

6. 养成阅读的习惯

每天抽出时间多读一些有用的书籍，就会增加你的知识，知识本身就是一笔财富；从书本中也能学到富人的经验；也可以从网上学习，如，从百度经验里能学到别人的经验和技能，穷人具有了富人的技能和思维，再加上个人的努力拼搏，就会慢慢变为富人了。

【案例1】

几位从老家来的亲友，聊起几个普通人从贫穷到富有

的真实故事。A是老家的一个普通老人，年轻时是卖肉的商贩，还做过很长时间的屠夫。B是某上市公司的创始人，公司最新市值近70亿元，他也是A的表哥，两个人的母亲是亲姐妹。C是深圳普通的个体经商户，在深圳拥有多套房产，几处铺面。

A和B小时候一起长大，都是一穷二白的家庭出身，从小就要放牛、种地。

20世纪80年代初，20出头的A和B，相约到深圳闯一闯。那时刚刚改革开放不久，深圳几乎处处都是赚钱机会。

两人到深圳后，先是在建筑工地上打工，然后各自筹钱开店。A做烟酒饮料，B做家庭用品。

没多久，A被村里的另一个人约着想“偷渡”到对面的香港，听说那边赚钱更容易，于是他结束了深圳的生意。偷渡那晚，刚游出去没多久就差点被人发现，同村的那个人胆小掉转头就往回游，A只好跟着往回跑。

两个人索性回了老家。回老家之后，A因在深圳做生意赚了点钱，就盖了两层小楼，成为村里第一个住楼房的人，一时风光无限，并结婚生子。

有了老婆孩子之后，A觉得独自在深圳打拼也辛苦，索性留在老家当了卖猪肉的个体户。B继续在深圳开店，还创立了品牌，开了一家挺大的门面。后来A连生了5个孩子，老家的生意却只能养家糊口，等5个孩子都要读书受教育时，家庭经济开始捉襟见肘。这时候B已经在深圳开了几家小公司。

20世纪90年代中期，深圳变化巨大，做生意的成本早已不是80年代，竞争激烈。A先是在B的门店工作，因为没有遵守管理制度被B批评了一顿，A自觉失了面子，心里也不服气，和B吵了一架后离开。他先后又筹钱开过烟酒店、餐饮店，无一能坚持太久，既怕辛苦又不甘寂寞，折腾了五六年，不但没有赚到钱，反而欠下不少外债。

【案例2】

A最终决定回老家，毕竟老家的环境和人事他都非常熟悉，糊口不成问题。回老家之后，A发现自己以前做生意的摊档和熟客，都已经没有了。再拿一个摊档要不少钱，于是他只好转去做屠夫，并骑着摩托车下乡，沿着各个村落叫卖猪肉。

收入上的稀薄，巨大的家庭经济压力，让A心烦意乱。更让他觉得难堪的，是自己越混越差以及和B之间的巨大落差。A生怕别人看不起他，喜欢在别人面前吹嘘自己的能力、人脉，并且借酒消愁，脾气也越来越暴躁，孩子和妻子都怕他，家庭不得安生。这时候B的公司，已经开始在全国主流城市开起直营店，组建了专业的设计团队，自己做原创品牌。后来A的三个孩子，都早早辍学出去工厂打工，一半是出于经济原因，一半是为了逃离越来越暴戾的父亲。等到A的第四个孩子也到深圳工作时，B的公司即将要上市。

A的孩子每天上下班必经的地铁口，就能看到B的两家子品牌直营店，装修得高端大气，门口的巨幅广告牌上是上过春晚的著名女星。

【案例3】

C也是农村的穷苦家庭出身，底下有弟弟妹妹，他比A和B小十几岁，也小一辈，称他们一声表舅。C是跟着第二次来深圳打拼的A一起来的深圳，那时他还不到18岁。到深圳之后，C先后做过各种各样的工作。

早餐摊点、服装地摊、出租车司机等，什么能赚钱就做什么。还在深圳香港之间跑过几年船，那时候两地之间的走私猖狂，黑社会也很常见，C没少挨打，从此落下冬天就犯头痛的病症。

到深圳十几年，C虽然能养家糊口，但没有攒下什么身家。后来手机越来越普及，C瞅准时机开了个手机加工小作坊，专门生产手机壳。然后淘宝店兴起，C又利用开手机作坊赚下的钱，盘下了罗湖服装批发市场的一家门店做服装批发，给淘宝店商家供货。接着他又趁势开了两家服装厂，盘下更多门店。到深圳20多年后，C终于在深圳有了自己的房子、店面，身家小几千万。

【分析】

论家庭背景，故事中的三个人都是近亲，他们彼此熟悉，出身和受教育程度几乎没有差别。论时代进程，他们身处同个时代进程当中，而且三个人最初的选择都是改革开放初期的深圳。

这个时代进程的威力巨大，机遇众多，三人不同的道路选择，产生了三种不同的结果。其实，有许多人的命运在那个时代被改变，有许多人在深圳这片热土淘得第一桶金。

认知：

理解：

做件什么事	怎么做的	做中的感悟

准备：

学会做：

怎样才能实现财务自由

财务自由是很多人都在追求的目标，大家都希望自己变得越来越有钱，怎样才能变得富有呢？最重要的就是要学会储蓄和投资，利用神奇的复利让自己的财富积累起来！

1. 富有的前提是要储蓄

不储蓄，绝对不可能变得富有。只储蓄，也不能成为富人。要致富首先要依靠储蓄，获得一笔基础资金，然后，选择自己擅长的项目进行投资。

2. 让钱生钱才是致富的硬道理

赚了钱不要只想着把钱花掉。创业前期攒的钱，是创业路上的基础资金。要注意将赚到的钱进行早期投资，投资前要通过阅读和向他人学习经验，最大限度地保证这笔基础资金不受损失。

3. 一边努力攒钱，一边把攒下来的钱用来投资

投资可以让你的资产不断增加。攒钱和投资都应该尽早开始。财富自由是很多人都在追求的目标，大家都希望自己变得越来越有钱，那么怎样才能做到有钱呢？最重要的就是学会储蓄和投资，利用神奇的复利让自己的财富积累起来！

4. 财富也有时间效用

复利公式大家可能都见过，但是有多少人真的按照它去做了呢？一小笔钱，只要你将它不间断地进行投资，其他什么都不用做，经过40年之后，它会变成一笔巨款！

5. 早储蓄、早投资、早受益

有的人认为刚刚工作不着急储蓄，要等到稳定了才开始储蓄，这种想法会让你一拖再拖，其结果是无论如何都存不下钱来。根据财富的时间效用，晚存一年钱，就等于损失了一大笔。

6. 不要为贫穷找理由

即使贫穷，也不要抱怨，抱怨不如好好努力，克服逆境。控制住自己的消费，不被人们崇尚消费的观念所影响。

【案例1】

小张做了十几年建材生意，在珠江新城有一套市价200万元左右的公寓自己住。在番禺还有套市价60万元左右的房子，一直放在中介出租，每年能收2万4千元的房租。基金里放着165万元，银行里有145万元存款，还有辆奔驰轿车。

在商海拼搏这么多年，她感觉心里很累，总想放下生意去过几年闲云野鹤的生活。她到现在还没有结婚，每月的支出不多，也比较享受这种单身贵族的状态。

她现在这种情况算不算实现财务自由了？

老张十几年前在某城市拥有10辆出租车，每辆出租车雇佣了两位司机，每月除去所有费用，每辆出租车可以盈余8000元左右，那么10台车一共就是8万元，全家人生活富裕。某著名打车软件的出现，彻底颠覆了他们家的生活，司机可以自己花几万块买一辆车做“专车司机”，同时实现了“时间自由”。老张的出租车不仅找不到司机，车价也是一落千丈，闹得他整天愁眉苦脸……

【分析】

这是个很典型的例子，很多人都在探讨如何才能实现财务自由。其实，财务自由除了需有足够的被动的收入，它还是一个时间的观念。判断一个人是否实现财务自由，要看他的欲望；判断一个人能实现多久的财务自由，要看他在满足基本花销的情况下，生活何时遇到太大笔的支出。

如果感觉身心疲惫，可以休息一段时间，休息好了再考虑是否继续奋斗，即使钱够花，可能也会做继续工作的选择。财富不仅指有形资产，也包括心理健康。只有把这两方面都理好了，财务自由的梦想才会越来越近。

【案例2】

32岁的王女士是土生土长的中山人，去年刚从著名的房产公司跳槽至镇区一家地产公司做部门主管。

王女士工作近10年，如今月收入税后约8000元，由于在石岐和父母同住，消费习惯良好，每月基本生活开销约2000元。目前，王女士有活期存款30万元，尚无个人房产。“目前中山房地产限价，近期我在考虑是否购置房产，如果不买房产，自己又该如何投资？”针对王女士的情况，理财师表示，以王女士的收入情况和资产构成来看，目前王女士的资产配置过于保守，100%的个人资产都存入活期存款，收益率偏低。

【分析】

作为高学历、高收入、高年龄的“三高女”，该如何实现财务自由呢？

对于“三高女”群体来说，可适当调整个人资产的配比，如果有结婚打算，可划拨适当比例提前购置房产等大宗理财项目。针对王女士这样的低风险偏好者，如果暂无结婚打算，则可考虑将存款分割，5万元以下作为应急资金，其余可考虑银行的长期理财产品或货币市场基金，一般收益较高于定期存款，但风险较低。由于王女士每个月的结余资金较多，约有6000元。像王女士这样，就要将月结余资金的一部分如2000元用来基金定投，既可作为自己的养老储备金，也可当作未来孩子的教育基金。

认知：

理解：

做件什么事	怎么做的	做中的感悟

准备：

学会做：

从小让孩子学会用脑赚钱

大家都清楚：脑力活动远比体力活动赚钱来得轻松，如何让孩子用脑赚钱呢？

情商和财商都可以通过学习逐步提高，智商与先天遗传有关系，但情商和财商全靠后天培养。同样获得的知识，情商和财商高的人会学以致用及时将知识转化为生产力，换取的是“金钱”；情商和财商低的人，只能靠智商记忆将知识储存在大脑里。如果人们都能努力提升情商和财商将所获得的知识学以致用并及时转化为生产力，那么，赚钱就会变成一件很简单的事。

抓住机遇、把握时机是能否赚钱的关键。能否赚钱的关键就是能否抓住赚钱的机会，把握住赚钱的时机，比如：房地产十几年前还没有现在这么火，房价也没有这么高。有头脑子的人，看到了机遇，购买几套房，几年后翻了几倍、十倍、百倍，成了百万、千万、亿万富翁。现实中能抓住这个机会的人却总占少数，这就是人们在机遇与机会的把握上的差距。

富人和穷人一个很明显的差别是：富人喜欢思考，善于用脑子赚钱；穷人懒于思考，靠体力赚钱。迈克尔·乔丹说过：“我不是用四肢打球，我是用脑子打球。”

很多白手起家的富翁曾经都是穷人，也做过苦力活，他们在实干的同时想着怎么致富，毕竟靠体力赚钱不是长久之计，年纪大了就会有失业的危险。

【案例1】

美国的一个农民种了几十年的玉米，一年又一年，生活还是没有什么变化，他不甘心就这样一辈子。

有一天，他在网上看到德国和日本生产了燃烧乙醇的汽车。由于他积累了一些知识，知道玉米里含有的乙醇是可再生能源，便非常兴奋，告诉了周围的农民，希望联合大家一起致富。

开始人们认为他疯了，不愿与他合作。他一时很无奈，后来，他决定改变思路，找懂行的人谈，先联系了一家科研机构，这个机构的负责人对他的想法很有兴趣，双方合作开了一家能源公司。不久，他真的从玉米中提炼出了乙醇，生产了乙醇汽油。很快他成了远近闻名的富翁。

【分析】

凡富翁都是靠头脑赚钱的。即使哪天投资失败，公司倒闭了，他们也不会绝望，因为智慧是不会消减的，东山再起只是时间问题。美国历史上最大的富翁之一洛克菲勒说过："如果把我所有的财产拿走，将我扔到沙漠，只要有一支骆驼队经过，我很快就会富起来。"

【案例2】

罗女士，27岁，在沈阳市某事业单位工作；爱人张先生，27岁，在沈阳市某外资企业工作。家庭税后月收入11000元左右。家庭开支方面，月生活开销4000元左右，每月还要还3600元住房按揭贷款。资产方面，夫妻二人3年前购买的住房已经升值到85万元，其中贷款余额45万元；家庭还有活期存款2万元。双方父母身体都很好，退休后也有养老保障，没有太多负担。

【分析】

从罗女士的家庭资产负债表来看，贷款在家庭总资产中的比例为48%，低于50%，在合理的范围之内。从现金流量表来看，家庭每月支出相比收入来说，占比达到了69%，超出了40%—60%的标准值，家庭的储蓄率较低，说明家庭支出相对收入来说，非常不合理。

一方面是因为家庭支出偏高，另一方面是因为罗女士家贷款时，并没有考虑家庭的承担能力，客观造成了家庭储蓄率较低，要达成未来理财目标还有很大的压力。

为了应对这种情况，需要从减少支出和增加理财收入两个方面着手，同时养成良好的生活习惯，为未来几年内较大的开支做准备。

认知：

理解：

做件什么事	怎么做的	做中的感悟

准备：

学会做：

要学会投资理财

学会理财并不是每天仅关注股市涨跌，也不是常常制订计划，废寝忘食地看财经报道，理财需要巧干、敢干、实干。

我们时常会想，为什么我们是穷人？

第一，没有立下成为富人的目标，成功者是从选定目标开始学会理财的。

第二，成功有两个基点。一是找准自己的人生定位，从360行中选择自己最爱的一个行业；二是心态决定命运，不要败给悲观的自己，做一个积极的行动派。

理财有三大技巧：一要管理好自己的时间；二要从小财开始，积少成多；三要学会自我管理，不要怕麻烦。

理财有四个理念，一是在30岁以前要形成自己的个人风格，失败了可以重来不要放弃；二是要学会豁达地看待一切事情；三是做人要讲义气，一定要诚信为本；四是把小事做细致。

理财有五分运气。在理财过程中，时常有意外降临，这种意外只属于决不放弃的人。

【案例】

李先生与妻子是典型的80后小夫妻，在某大学任教。两人2015年年中买下首套房子，首付由父母支持，贷款部分由夫妻俩共同偿还。目前小夫妻平均每月收入共12000元，房贷除去两人公积金还需要还2000元，每月的生活开支在4000元左右，这样每个月两人还能余6000元左右。

【分析】

从家庭生命周期来看，李先生夫妻俩正处于家庭形成期，经济开始独立、储蓄较少、责任逐渐增大。两人在金融方面有所了解、投资理财意识较强，打算通过这几年攒下的积蓄进行一些投资来获得额外的稳定收益，积攒更多的财富，为以后养育孩子、孝顺老人、退休等提前做准备。根据小两口目前情况，理财师为他们支招，给予以下几点建议：

1.流动资金规划

李先生夫妻两人除了将大部分资金用于投资理财外，还需预留一部分作为家庭的准备金，以备不时之需。这部分资金主要为家庭万一出现疾病、灾害等不确定原因时所需资金做准备。所以这部分资金的流动性要比较高，能在需要用到这部分资金时就能立即变现才行。

一般普通家庭准备金留出3—6个月的生活开支即可。李先生家可备3万元（5倍的月支出）作为流动性资产，享受货币型基金的收益。

2.家庭保障规划

保险用于帮助家庭规避风险和保障家庭生活质量，保障资产在遇到危机时不受损失，其中保费建议为家庭年收入的5%—10%，保额以年收入的5—10倍为宜。

家庭的主要经济来源，一旦出现意外就会给家庭经济带来巨大冲击。所以建议他们先提高家庭的保障。首当其冲的是为两人配置一款重疾类的保障性产品与出行类的全家保，在健康与出行安全方面得到全面的保障。家庭年保费支出在1.5万元左右。

3.子女教育和养老规划

李先生夫妇计划在两年内生下小孩，对孩子大学费用和留学费用要有充足的准备时间。如今子女教育和养老上都需要较大的花费，两人决定提前进行打算，采用合理投资的方式来积累这两笔资金。通过长期坚持投资，收益会累计越来越高，子女教育和养老的资金也会越积越多（图3）。

认知：

理解：

做件什么事	怎么做的	做中的感悟

准备：

学会做：

本章复盘

◎ 小问题

回答下面的问题，帮助你理解理财意识培养在家庭教育中的必要性。

1.商业思维培养的目的是什么？

2.商业思维培养首先要做到什么？

3.商业思维培养的步骤是什么？

4.商业思维培养有哪些要注意的环节？

5.商业思维培养有什么效果和表现？

6.商业思维培养和掌握知识应该如何区别？

7.商业思维培养的方式不同，效果有什么不一样？

8.商业思维培养的问题有哪些？

如何做更好的父母

◎收起你的懦弱，摆出你的姿态，重视起商业思维培养，不要打击孩子的积极性。

◎就算周边的人（含家庭成员）都否定孩子，你也要相信孩子，不要管别人的看法。

◎孩子的能力是通过商业思维培养出来的，要相信，世上本没有做不到的事，只有不做，才适得其反。

◎不管孩子如何，都可能不被欣赏，总有人认为他不够好，不管别人怎么看，你都不能不注意培养孩子的商业思维。

“管理好自己”思考题

【反向思维】

◎商业思维培养没有用，孩子就是不愿意学习！

◎商业思维培养到位了，孩子还是不好好学！

◎我对如何培养孩子的商业思维有自己的看法，道不同不相为谋！

◎商业思维培养不到位，反而被别人瞧不起！

【正向思维】

◎商业思维培养之后，家庭和睦了！

◎商业思维培养之后，孩子的能力提高了！

◎商业思维培养之后，父母与孩子相处更融洽了！

◎商业思维培养之后，父母与孩子的误会没有了！

与心对话

每日一问：

家庭生活中总有一些磕磕绊绊的冲突点，很多事情都需要商业思维，你面对这些问题是怎么解决的？你身边的家庭又是怎么处理的？

请将在家里看到的记录下来：

陶行知说：教育孩子要从小做起，从生活点滴做起，陶行知说：教育孩子要从小做起，从生活点滴做起，每天留出6个“一分钟”。一分钟倾听；一分钟示爱；一分钟参与；一分钟赞美；一分钟鼓励；一分钟矫正。

别让家“富”毁了孩子的前程

- “富裕”家庭给孩子带来的危害
- 家庭的“富”替代不了孩子的“富”
- 全是“金钱”惹的祸
- 要不断追随比你成功的人
- 不做或拖延做事影响成功
- 成功企业家的育子理念

“富裕”家庭给孩子的危害

在家庭里我们常常见到这样的现象：爸爸刚下班，女儿便扑到爸爸的怀里，娇滴滴地说：“老爸，给我买个双核的计算机吧！同学都有了，就我的还是单核的……”

随着社会的发展和进步，由于人们忽略了对子女的正确引导，家庭的富裕给孩子带来的负面影响越来越明显。

“啃老族”开始越来越多在家庭里涌现，一个剥削阶级消灭了，一个新的剥削阶级又出现了，这个剥削阶级不是别人就是我们的子女，这不是幻想，而是已经逐步成型的社会现实。

公路上开法拉利的、开奔驰坐皇冠的、住高级别墅的、住洋房的、身穿高档服装在大酒店里高消费的除了一些明星，还有一代年轻的剥削分子。

仔细盘查就不难得知：他们所得到的并非自己劳动所得，而是靠父母的血汗赢得的一笔可观的财产，在北京叫“啃老族”，不知外地还有什么名号。

【案例1】

不久前，一个富二代发微博，说自己不相信中国还有吃不上肉的人。“都这么富有了，怎么还会有吃不了肉的人呢？”湖南卫视《变形记》里的一个16岁的姑娘，吃饭是阿姨喂，衣服袜子是妈妈帮着穿，剪指甲是姑姑给剪，一个手机壳进价20多，2块钱卖出去，不图挣钱，就图一个爽快，一顿饭100元，姑娘偏偏要给老板500元：“老板你辛苦了，多给你点儿。”她家里也算不上特别有钱，中产偏上，父母为了富养女儿，一个月给四五万的零花钱，这个16岁的女孩至今不知道中国还有人吃不饱饭，一开口，16岁的女孩像只有6岁女童的阅历。

【分析】

父母把子女当宝贝，当小皇帝，为孩子隔绝世间一切苦恶，于是，在孩子们眼中，世间总是真善美的，人性总是美好善良的，想要做的事情总是能够做成的。这不叫通达，这叫天真。

【案例2】

一个高中毕业的男子，毕业后就没有再找工作，一直靠啃老维持生活。有一段时间，他谈了一个女朋友，开销一下子特别大，一个月要四五千块钱。他还学会了打牌赌博，几百几百地输，钱不够了，就回来找父亲要。可是他父亲也就是一个普通工薪阶层，哪有那么多钱够他那么挥霍？有一次，儿子打完牌把钱输完了回来，开口就向父亲要5000块钱，老父不给：“我哪有那么多钱给你输？”男子恼羞成怒，一拳头就打过去，老父气不过，直接报警。

“从小把他当宝养，好吃的好喝的，饿着自己，也不能省下给他的钱。没想到，养了一个白眼狼。”

【分析】

这是一则新闻，事情并非个例。在中国“啃老族”实在太多了。许多家庭不顾家庭资源的差异，百般努力，倾尽所有，让孩子享受最好的生活条件，结果把孩子养成了“白眼狼”。

曾国藩曾说：“如果孩子不经苦难，是不能成材的。教育孩子一定要给他坎坷，给他磨砺，而不是给他各种卓越的条件。”所以，给孩子正确的教育，是让孩子懂得困难与艰辛，引导孩子学会勤奋和努力，这才是父母给孩子最深邃的馈赠。

认知：

理解：

做件什么事	怎么做的	做中的感悟

准备：

学会做：

家庭的“富”替代不了孩子的“富”

一个不可否认的现实，不得不使我们承认：目前我们很多家庭物质条件好了，孩子又都是独生子女，一门心思地想让孩子过得舒服，成了众多家庭的现实生活。

在很多家庭中，孩子要什么就给什么，父母给了，爷爷奶奶还要给，爸爸给了妈妈还要再加一点，而且还比着给，看谁给的多。

1. 父母总想让孩子口袋里的零花钱不断

如今，随便从哪个孩子身上掏出10元、20元甚至50元、100元的零花钱已经不是一件稀奇的事情了，当然，孩子身上有钱花了，父母应该感到欣慰，毕竟是人们生活水平提高的体现嘛。可是，孩子手里的钱多了，会带来什么后果呢？

据统计：我国大中城市的孩子之间开始攀比穿戴，不惜重金购买高档服装。

到商场转一转，我们稍稍留神就不难发现：孩子服装的价格已经等于或高于成人服装了。

到大街上转一转我们很难分辨出哪个是已经参加工作挣钱的职员，哪个是还在学校上学的孩子。这是为什么?

道理很简单：孩子的穿戴成了身份的标志，父母不惜一切代价为孩子置装。商家定价的标准也参考了这些父母的消费心理。

2. 孩子们之间攀比着互赠礼物

节假日、生日宴会等，孩子们之间互赠礼物成为“风俗”，孩子之间的攀比心理横生。

“六一儿童节”，孩子们互相攀比得到了什么，得到礼物多且贵重的就扬扬得意，得到礼物少的就满脸愁容。

“六一”本来是社会对孩子关爱的节日，这样一来成了孩子的“发财日”、父母的“灾难日”了。

什么“五四青年节”、孩子的生日宴会就更不用说了。几乎没有孩子再去想这些“节日”的意义，从中应该受到什么教育等问题，而是都掉到“钱”眼里了。

【案例1】

一个姚姓的大官，身为朝中重臣，除了做官之外，生意做得也很大，可以说是一位富可敌国的商人。即使子孙以后永远都不工作，也可以靠着这些财产活得很好。他只有一个儿子，从小十分宠爱，想要什么就给他什么。

儿子长大成人之后，姚大人逐渐老了，他去世那一年，将自己所有的家产都留给了儿子。

因为姚公子一直在要风得风要雨得雨的环境当中长大，

所以即便有这么好的条件，他依旧什么事情也不做，只跟着一帮纨绔子弟风花雪月。结果没过几年，那么大的家业全被他败光了。

【分析】

出生在一个富裕家庭里，本是一件非常幸运的事情，但是由于父母溺爱孩子，使孩子浪费了好多资源，失去了好多机会。

当今社会有许多这样的“姚公子”，他们所有的要求父母都一一满足，致使他们不知道什么是“来之不易”，更不知道自己想要的一切都必须要通过辛勤的劳动才能获得，既不懂得满足，也不懂得感恩。

给孩子提供优越物质条件的父母应当引起注意，对孩子来说独立自主才是更好的生活能力，也要最好的创造财富的能力。

【案例2】

这几年，身边不少父母说，孩子读书这么辛苦，家里有条件的话，干吗不多给孩子点钱，让他们过得舒服点。

老张的儿子在美国读书时，室友是个中国人，家境还不错，孩子平时也不用打工，每次和父母视频通话的时候，开口闭口就是要钱，问他钱花在哪儿了，不是买了新球鞋，就是要换新手机。可一年不到，这个室友就回中国了，说是在美国待不下去了。这也难怪，这位名副其实的少爷平时连个洗衣机也不会用，饭也不会做，说在家都是由保姆做，在美国处处都要靠自己，这样的日子一天也过不下去。他的父母后悔不已，当初只是觉得孩子读书苦，生活小事有人照顾就好了，可没想到自己的呵护，反倒是耽误了孩子的前途。

【分析】

像案例中的父母一样，为了给孩子更好的教育，许多父母不遗余力，甚至拿出毕生的积蓄想让孩子出类拔萃，可结果却不尽如人意。事实是父母越是花钱，孩子越是不给力。好的教育，从来不是砸钱。

一味给予会折断孩子的翅膀，像是不会飞翔的小鸟，只能永远依附于父母的羽翼下。

取之不尽的金钱与爱，导致他们缺乏勇气和毅力，更丧失了独立生活的能力。

认知：

理解：

做件什么事	怎么做的	做中的感悟

准备：

学会做：

全是“金钱”惹的祸

有些孩子身上的钱多了，就会出现一些不正常的情况，例如男孩子吸烟、女孩子过早使用化妆品；男女生共同酗酒、赌博、邀请“兄弟姐妹”为自己撑腰等。

当靠工资生活的“工薪族”，还处于勉强维持正常生活的时候，不挣分文的孩子先“富”了起来，他们着着实实地“潇洒”，穿着“彪马”或“耐克”的运动衣，用着派克的“金笔”，美国进口的卷笔刀、高级文具盒，骑着近千元的赛车，渴了到路边的饮料机上刷卡，饿了到麦当劳暴撮一顿。如此这些不仅不利于孩子的成长，而且实在令人担心。

我们静下来好好想一想：这些不劳而获的习惯会给社会乃至本人的日后成长带来什么呢?

【案例1】

孩子的金钱观要从小培养，做妈妈的责任重大。

作为妈妈，从小就要告诉孩子：爸爸为什么常常不在家，因为钱是不容易赚的，我们不能随便花，而且用钱要做计划，花钱之前，要先想一想，否则你要用的时候，没有钱是很痛苦的。

小时候不能够乱花钱，小时候不能够拿家事来赚钱，这都是最基本的概念。父母可以每天给孩子固定数目的钱，但应让他回来跟你讲钱做什么用了。

【分析】

从小培养孩子对金钱有一个初步的价值观，然后随着孩子年龄的增长，再阶段性地去培养他正确的金钱观念，这在家庭中完全可以做到。

【案例2】

随着孩子长大，一定要他提出用钱的计划，你才可以给他，而不是告诉他家里有钱，随时可以拿。

人，一定要知道金钱是有限的。只有这样，你才能让孩子知道一个终身受用的理财原则。

所谓终身受用的理财原则，归纳起来就是八个字而已：当用不省，当省不用。再大的公司，其理财原则也是这样，国家更是如此。当用不能省，当省不能用，哪怕一块钱也不能用，因为一万块钱，就是由一块钱累积而成的。

孩子到了能支配自己钱财的时候，比如大学，父母就可以告诉他，你把这学期计划所要用的钱，包括学费、生活费、杂费等，通通写出来，我们一起商量。目的是要养成子女有计划用钱的习惯。子女要用钱应该提前告诉家人，而不是随时打电话来，说要就要的。

【分析】

不要小看这一元钱，不要认为一元钱不重要，用了再说，不可以。因为用钱没有多少之分，只有可与不可、当与不当之别。

认知：

理解：

做件什么事	怎么做的	做中的感悟

准备：

学会做：

要不断追随比你成功的人

在大多数情况下，学习是通过一种无意识的模仿来实现的。要致富就离不开对卓越人物的模仿，但是，我们在模仿之前，必须对其进行全方位、多角度的调查和分析，从多方面考察偶像的榜样作用，如肢体语言、说话方式、语言模式、思维模式以及起主导作用的信念和价值观，以便改变自己的行为。

成功人士的说话方式、饮食习惯以及各类生活与处事方式，都意味着他们在有意识地成功处理一切凡人难以解决的事物，模仿的过程决定你将受谁影响、向谁学习、学习什么，例如：只模仿比你成功的人，就必须有意识和有选择地去了解其与金钱相关的信念和价值观，尤其是他们怎么看待金钱和财富？如何安排自己的一天？想要获得高收入，他们又会做什么？他们有哪些朋友？有什么样的工作习惯？

千万不要认为你无法像他一样获得高收入。

你的周围环境里，应该不难找到一名比你成功的教练、榜样以及专家。

你不要受不如你成功人的影响，否则，你就会被阻碍的风险所困惑，特别是那些对你的计划及想法提出反对意见的人，虽然要尊重他们，但一定要有自己的主见。

要成功就要牢记以下箴言：

· 没有亲身经历的人没有权利给你建议，你绝对没有理由去听从他们的建议。

· 如果你周围都是成功人士，你想要成功就很容易。

· 想变得富有，首先必须习惯坦然面对财富。

· 想致富最简单的方法就是：结交成功人士。

· 判断君主是否才智兼备的最佳方法，是观察他周围的臣子。

【案例1】

“世上本没有路，走的人多了也便成了路。”再威武的勇士也无法开辟出一条持久畅通的大道，只有你一步、我一步，才能把前进的障碍踩在脚下，夯成一条结实的、通往远方的路。故开拓者诚然可贵，而追随者才是历史前进之路的真正主角。

上古的第一个追随者是夸父，他为了追随太阳而奔走千里，饮尽河泽，虽然最终倒下，却把追随理想的火种种到了每一个华夏儿女的心里。他为高悬的太阳做了新的定义——追随者心中永不磨灭的渴望。

夜空中照亮大地的总是月亮，但若没有云朵的追随，也就失去了那份彩云追月的诗意。婵娟只是一个婢女，然而在面对灵魂考验的时候她勇敢地追随，纵然误饮了奸人谋害屈原的毒酒，却因代替先生赴死而感到幸福，她死得圣洁而美丽。“风萧萧兮易水寒”的悲歌里，高渐离不是一去不复返的主角，然而他掷向秦王的筑里所表现出的勇气，更成就了荆轲刺秦这一永恒的悲剧，也让彩云追月的情义成为千古传奇。

水深火热的岁月里，追随不再只是个人对个人的情谊，更是千千万万个中国人对理想、对民族的大义之举。枪上膛，血满腔，学生们挥舞着拳头高喊“除国贼，扬国威”；农民们放下锄头，跟随大道上呐喊的人们，把对家国的爱融进深深的血泊里。正是有了他们，有了他们对民族大义的追举，一个民族才得以站起来。

【分析】

一个勇敢的追随者不是一个盲从者，他应该具有自己独立而清醒的判断，任何时候都不丧失做人的原则；一个勇敢的追随者绝不可缺少坚忍，应该面对残忍迫害喊出真理之声。

【案例2】

一个年轻妇女在填写一份大学入学申请表格的时候，碰到了一个问题：“你是一位领导吗？”她想她最好还是如实填写，所以她写道：“不是。”当她把申请表寄出去的时候，她确信因为那个答案她不会收到回信。

不久后，她收到了学校的回信：“到今天为止，我们已经收到了数以千计的申请表，明年将会有1452名新领导来到我们学校。我们决定接受你的申请，因为我们觉得他们至少需要一个追随者。”

【分析】

有时候我们在领导着别人，有时候我们在追随着别人。此时，虽说我们被奉为领导，但我们仍然得扮演追随者的角色。

最好的领导者也是一名优秀的追随者。他们懂得怎样去倾听，他们重视和采纳他们身边优秀的人的建议。需要的时候，他们不惜把自己的身份降得足够低去寻求帮助。世界需要的更多的是优秀的追随者。

认知：

理解：

做件什么事	怎么做的	做中的感悟

准备：

学会做：

不做或拖延做事影响成功

虽然并非人人都有拖延症，但是实际上每个人身上都会发生拖延这种情况。而当一个人屡屡拖延，并且即使深受其害仍无法克服的时候，才能算是一个拖延症患者。

早晨，总想赖赖床；对于早就计划好的事情，迟迟不能付诸行动，或者行动之后该结束了而没有结束。若是你一直为此感到自责，并不断埋怨自己，那也大可不必。

生活中拖延是普遍存在的，这意味着当你要和拖延斗争的时候，你完全不用感到害怕，因为你不是一个人在战斗，有太多太多的人和你站在同一条战线上。当然，这并不是说拖延就是对的，只是说你不必为此过于责备自己，只是需要改掉这个习惯。

在日常生活中，女人比男人更容易拖延，年轻人比老年人更容易拖延，结了婚的人更容易拖延，受教育程度低的人更容易拖延……诸如此类的话仿佛能让你对号入座，你甚至可以为自己开脱说：“我还年轻，我是女人，我当然会拖延啦。”但其实，心理学家在调查拖延的过程中，为了让数据尽可能地反映实际情况，特别将性别、年龄、婚姻和教育程度等因素考虑进去，尽量不让调查局限于某一个小范围。结果证明，拖延是一种普遍的生活方式，它并不受以上几种因素的影响。

看到这个结果之后，就不要再为自己的拖延找借口了，因为那些断言拖延和性别、婚姻状况之类的因素相关的说法完全不成立。

对于拖延，人们普遍都会得出正确的认识，那就是这是一种不该出现的做法。但是很矛盾的是，在现实生活中，很多拖延现象却也得到了普遍的接受。比如，有时候，你去开会，明明通告中说的是八点开始，九点结束，可是当你八点准时到达会场，等到八点十分很多人才陆陆续续到达会场，会议才开始，而会议结束的时间也不是九点，而是九点半。

甚至拖延在某些特定事情上是一个群体的表现。德国人做事的严谨态度可谓世界闻名，而且他们办事也非常有效率。难以想象，就是在这样一个国家里，拖延这种现象也很普遍，且是被接受的。

【案例】

一个教授每天下午的六点钟有一节毕业班的课。开课以后，第一天竟然没有一个人是按时走进课堂的。教授觉得第一天上课大家可能会懈怠，可以理解。可第二天、第三天还是如此，大多数学生都是在六点十分到十五分之间才走进课堂。

教授终于忍不住了，他问学生们："你们为什么迟到？"一个学生认真地回答说："我们迟到了吗？上课的时间不是六点一刻吗？"教授只好重申上课的时间是六点整，而不是六点一刻。他很不理解，明明通告中清楚地写着上课时间是六点，为什么所有的学生们都认为是六点一刻。

其实在整个教育领域，上课时间向后拖延一刻钟是普遍现象，所以，即便通告上明确写的上课时间是六点，学生们还是认为开讲的时间是六点一刻。就算有特别说明，人们也不会认为真正的上课时间是六点。德国人几乎把这种拖延当成是合情合理的了，人们已经默认推迟一刻钟才是真正的开始时间。

【分析】

拖延普遍存在，有些甚至被普遍接受，说明这个真相是为了让有拖延毛病的人不去承受过大的心理压力，因为有很多人跟你一样。但是并不是说，可以放任这个毛病，你要做的只是改掉它，而且要相信自己确实是能做到的。

认知：

理解：

做件什么事	怎么做的	做中的感悟

准备：

学会做：

成功企业家的育子理念

我们看看成功企业家、真正的富人是如何培养后代的吧！成功的企业家大多数对后代要求非常严格，他们的共同理念是：再“富”也别“富”孩子，让孩子生活保持低标准，不鼓励孩子花钱纵欲，目的是砥砺孩子的意志，培养孩子艰苦的品德，不让孩子坠落成钱多智少的庸才。

1. 母亲初永真对郭台铭的教导

中国的著名企业家，富士康的总裁郭台铭起步时，他和三兄弟共同研发出了黑白电视机的按钮，郭台铭向母亲初永真提出要到美国找订单，母亲初永真只给儿子买了一张去美国的单程机票、做了11双布鞋和一面袋烧饼，其他分文没给。母亲初永真要求郭台铭：

（1）一定要接到订单；

（2）要多走路，多沟通；

（3）没有订单，只能啃烧饼；

（4）拿不到订单就不要回来见我。

结果，郭台铭穿烂了十一双布鞋，吃光了一面袋烧饼，接到了一份订单，厂家给他买了一张回家的机票，成就了现今已经发展到130万名员工的富士康。

2. 美国著名富豪洛克菲勒

美国著名富豪洛克菲勒家族拥有的财产难以计数。洛克菲勒每个月只给孩子几美元的零花钱，有人问：“你这么多钱，为什么对孩子如此吝啬？”洛克菲勒回答说：“这不是吝啬，而是责任。我之所以这样做是让他从小就知道钱是来之不易的，只有养成节俭的习惯，长大后才能有所作为。”

3. 澳大利亚的富豪们的子女教育

澳大利亚是一个发达国家，国民生活普遍富裕，大家都信奉一个理念：“再富也要穷孩子。”这个理由很简单：娇惯了的孩子缺乏自制力和独立能力，长大后肯定会吃大亏。

澳洲的中学和小学中午不放学，午餐在学校里购买（学校只有汉堡和粗糙的食品出售），孩子们外出旅游也只带十分简单的食品，从孩子所带的食品中很难判断出谁家更富有。

美国石油大王洛克菲勒说：“居家之道，不可有余财。”“过多的财富会给子女带来灾难。”比尔·盖茨也深谙其中的道理，承诺将自己的过半财产捐献给慈善事业，而没有全部留给他的孩子。

目前，我们的国家还不是最富有的国家，富裕的家庭却造出了这样一块娇生惯养的土地！

父母疯狂地工作，只是想给孩子营造一个密不透风的安乐窝，让孩子未来高枕无忧。从孩子出生的那一刻父母便变成了“孩奴”。整天围着一个“小皇帝”，孩子要去东街不敢带他去西街，孩子要星星不敢摘月亮，更何况金钱呢？

父母有没有考虑到：如此溺爱孩子，自己百年之后，孩子是否能养活自己？

竞争意识培养是为孩子的未来着想，并不是一件很难做到的事情，我们要孩子成才就要从孩子发展的眼光出发，做任何事情都要考虑到孩子的未来。

【案例1】

洛克菲勒曾经给他的孩子们写了很多信。

有一次，洛克菲勒对儿子说：“我不能用财富埋葬我心爱的孩子们，愚蠢地让你们成为不思进取、只知道依赖父母成果的无能之辈。”这就是他写下很多信的初衷，他期待至少不要因为自己的财富葬送了孩子们的前途，当然，他更期待的是孩子们能够发扬光大，将洛克菲勒家族的财富传承下去。他做到了，他打破了“富不过三代”的说法，洛克菲勒家族已经延续7代，成为美国发展史上浓墨重彩的一笔。

【分析】

美国著名富豪洛克菲勒给儿子的信让我们了解，洛克菲勒会用各种各样的方法去引导、指正、鼓励孩子，以免孩子走弯路，等到时机成熟以后，便会放手让孩子自由飞翔。他非常坦诚地跟孩子交流自己的想法，包括对竞争对手的看法。在孩子成长时，洛克菲勒强调最多的是节俭、看重自己、乐观、自信、肯吃苦、勇敢坚强、独立思考、忍受苦难、宠辱不惊、积极行动、快乐工作等品质的养成。

洛克菲勒的育子观是否能给我们的父母某些启发呢?

【案例2】

《特别狠心，特别爱》的作者沙拉的儿子与一个犹太知名富商的儿子约翰是同学。约翰爸爸有很多名车，可他每个周末都坚持带儿子去坐公交车，让孩子看看外面社会的艰辛。

有一次，约翰和沙拉的儿子一起背着大背囊，骑着自行车去送外卖。突然，天下起了雨，他们远远看见一辆车从前面驶过来，巧的是，刚好是约翰爸爸的车，可约翰还是照样去送外卖，他爸也照样去办自己的事。如果约翰想要一双向往已久的球鞋，他爸爸会建议他每天晚上洗一次碗筷或同意其他的奖励机制，用自己的劳动来换取。约翰父母说：如果想要的东西太容易得到，你就会被宠坏，因为这会让你认为自己得到的一切都是应该的。

【分析】

这样的教育很有智慧，早早让孩子知道，金钱、舒适的生活来之不易，要自己去奋斗。“纸上得来终觉浅，绝知此事要躬行”，看着新闻里的辛苦，不会有切身体会，只有自己去体验，才会明白世事艰难（图4）。

认知：

理解：

做件什么事	怎么做的	做中的感悟

准备：

学会做：

本章复盘

◎ 小问题

回答下面的问题，帮助你理解金钱意识培养在家庭教育中的必要性。

1.金钱意识培养的目的是什么？

2.金钱意识培养首先要做到什么？

3.金钱意识培养的步骤是什么？

4.金钱意识培养有哪些要注意的环节？

5.金钱意识培养有什么效果和表现？

6.金钱意识培养和掌握知识应该如何区别？

7.金钱意识培养的方式不同，效果有什么不一样？

8.金钱意识培养的问题有哪些？

如何做更好的父母

◎收起你的懦弱，摆出你的姿态，重视起金钱意识培养，不要打击孩子的积极性。

◎就算周边的人（含家庭成员）都否定孩子，你也要相信孩子，不要管别人的看法。

◎孩子的能力是通过金钱意识教育培养出来的，要相信，世上本没有做不到的事，只有不做，才适得其反。

◎不管孩子如何，都可能不被欣赏，总有人认为他不够好，不管别人怎么看，你都不能不注意培养孩子的金钱意识。

“管理好自己”思考题

【反向思维】

◎金钱意识培养没有用，孩子就是不愿意学习！

◎金钱意识培养到位了，孩子还是不好好学！

◎我对如何培养孩子的金钱意识有自己的看法，道不同不相为谋！

◎金钱意识培养不到位，反而被别人瞧不起！

【正向思维】

◎金钱意识培养之后，家庭和睦了！

◎金钱意识培养之后，孩子的能力提高了！

◎金钱意识培养之后，父母与孩子相处更融洽了！

◎金钱意识培养之后，父母与孩子的误会没有了！

与心对话

每日一问：

家庭生活中总有一些磕磕绊绊的冲突点，很多事情都需要金钱意识，你面对这些问题是怎么解决的？你身边的家庭又是怎么处理的？

请将在家里看到的记录下来：

陶行知说：创造的儿童教育，不是说教育可以创造儿童，儿童的创造力是千千万万祖先，至少经过五十万年与环境适应斗争所获得而传下来之才能之精华，发挥或阻碍，加强或削弱，培养或摧残这创造力的是环境。教育是要在儿童自身的基础上，过滤并运用环境的影响，以培养加强发挥这创造力，使他长得更有力量，以贡献于民族与人类。教育不能创造什么，但它能启发解放儿童创造力以从事于创造之工作。

要摆正知识与财富的关系

- 调整情绪，雷厉风行
- 你梦想的生活是什么
- 知识是获得财富的基础
- 幸福生活不可忽略的维度
- 致富的关键在于规划

调整情绪，雷厉风行

在日常生活中，只有做自己充满热情和力量的事，个人的情绪才会处于最好的状态，才能使金钱滚滚而来。我们需要用时间看清自己的天赋，并将自己的天赋发展成能力，并使之成为不再浪费时间的动力，完成自己想做的事情，否则，就是在浪费自己的生命。因此，每个人都必须在生活中明确地做出优化自己的决定，而不是削弱自己。

每个人都有不喜欢做的事，如果你讨厌写论文，你很可能一拖再拖，拖到非交不可的时候，才勉强写了一篇自己都不知道在说什么的论文。在自己讨厌的事情上，人们都很难积极起来，你宁可做做家务，也不愿意碰那篇论文。

人在心理享受程度高的时候，做事会比较积极，而心理享受感低时，就怎么也行动不起来。你很久才打扫一次家里的卫生，那是因为太讨厌做家务了。喜欢的事情和讨厌的事情同时摆在眼前，谁都选喜欢的先做。

一般情况下，没有人会追着讨厌的事情去做。所有人面对令人厌烦的事情都会一拖再拖，因此很多人会在大扫除、看医生、锻炼等事情上拖延。有很多人办了健身卡而没有坚持去健身，很多人不喜欢去医院，牙疼了很久，也不肯就医，直到忍无可忍，才去看牙医。

人们讨厌的事情不尽相同。有人讨厌洗衣服，有人讨厌做饭，有的家庭总是在厨房堆放很多没洗的碗筷，而有的家庭冰箱里总是缺少食品。

要想判断自己是不是因厌烦情绪而拖延，只要回忆一下自己平时是怎么抱怨这些事情的就行了。

人们在愉快和有兴趣的事情上往往十分热衷，可以拿出十足的劲头，在一些不能带来愉悦感的生活琐事上，则一拖再拖。很多有慢性拖延症的人对工作和生活中零零碎碎的事情简直厌烦透了，他们总是抱怨说：“这些事情真是烦死人，我不想做。”要是非做不可的话，他们会选择速战速决，草草了事。

对于要做的任务，如果你在心底的感觉是“这事真让人讨厌”，那么绝对不会有热情去完成任务，发生拖延的情况就在所难免了。

【案例1】

小刘早在一个月前就该写期末论文了，可她迟迟没有动手。只要有人跟她说起写论文，她就感到厌烦透了。

最后期限将至，经过一周的心理斗争之后，她才带着极不情愿的心情坐在了电脑前，准备利用一天的时间写写论文。可她坐在电脑前，脑子里却一片空白。这可怎么办才好呢？明天就要交论文了啊！她刚敲了一行字，这时候，她的一个朋友开始通过网络跟她聊天，他们互相交换了一些有趣的网页链接，小刘就开始浏览那些网页。直到午饭时间，小刘才如梦初醒：“我不是要写论文吗？怎么就打了一行字呢？”再看看那行字，哦，真是太糟糕了，还不如不写。

午饭后，小刘带着困意又坐到了电脑前，“唉，这样下去是写不完了，还是想想别的办法，凑一篇吧！”接着，她在网上开始搜索相关命题的论文，很快就拼凑了一篇。“太好了，明天可以交作业了！”

小刘讨厌写论文，或者说根本没心思写，她觉得这是一项没有任何趣味的事，虽然早就该动手，可她一直拖到最后期限的前一天，即使坐在电脑前，也不集中精力，总是左顾右盼地用其他事情打发时间。当她重新阅读了自己写下的一行字，又觉得写得太差了，还不如在网上复制和粘贴更好，最终她还是没有写，而是拼凑了一篇。

【分析】

人们知道在不喜欢的事情上自己很难投入精力，因此会在选择方面下功夫，比如，在选择专业和职业方面，每个人都更倾向于选自己喜欢的。若不然，学业和职业不仅仅是痛苦的源泉，而且会因为缺乏积极性，影响了个人发展。

避免这种拖延，除了慎重选择，还要注重培养兴趣，唯有如此，才能让大脑不会总是发出“无聊”的信号，让你总是在这些事情上拖下去。

如果你讨厌做家务，那就想想明窗净几的家多温馨啊；如果你讨厌写论文，那么就想想论文代表的是你个人的研究成果，这是件多么有成就感的事情啊；要是你讨厌锻炼，那就看看那些练就了好身材的人多么受人青睐。总之，你得找到行动的动力。

认知：

理解：

做件什么事	怎么做的	做中的感悟

准备：

学会做：

你梦想的生活是什么

生活中有一个典型的矛盾：我们内心深处的设想和实际生活状况往往不尽相同，人们对于生活的设想和现实之间的差距，往往就如同白天和黑夜的差别一样，每个人都渴望幸福，而且一直埋在内心深处，都希望能改变一切，使自己的生活变得更加美好。

我们都确信：过上美好的生活，变得富有的机会是人人都有的。但是，如何实现梦想？实现梦想的阻碍是什么？是一个值得研究的问题。

当前，大多数人都生活在一个不利于致富的客观环境中，靠天、靠地、靠别人都是不可能实现梦想的。有些人年复一年地大量举债，有的人为了支付越发高涨的房贷等债务利息，越发劳累，靠政府的政策补助也难以解决这些问题。

如何使自己经济独立？如何才能过上幸福的生活？如何才能变得更加富有等一系列现实的问题，越来越明确地摆在我们的面前。

谁能教会我们变得富有呢？是我们的父母吗？大多数人并没有富有的父母，创造财富的能力也微乎其微，社会流行过度消费，熟人圈和朋友圈中也缺乏带我们致富的良师益友，因此，许多人在生活中就失去了方向。想要树立起正确的“金钱观”，就要正确地认识和使用金钱，让金钱变成我们致富的“种子”，伴随我们走向幸福和富有。

【案例1】

德国著名的大富豪博多·舍费尔在总结他的致富之路时说：“不做金钱的奴隶，让自己和家人获得舒适而有尊严的生活！如果审视我们今天的生活，我的内心充满了深深的感激之情，我过上的正是我梦寐以求的生活——经济独立。但我并非一直如此，跟大多数人一样，我也经历过这样的阶段，在那些阶段里，怀疑和迷惘充满了我的内心，仿佛使我瘫痪。”

每个人在生活中都有过一段影响颇深的经历，这些具有导向作用的经历，改变了人们的世界观和对人类、机会、金钱以及世界的看法，进而使生活变得更加美好。

6岁时的一次经历影响了博多·舍费尔的金钱观，博多·舍费尔的父亲因为肝硬化被送进了医院，住院12个月，需要绝对静养，医生要求父亲尽可能不要看书。

博多·舍费尔的父亲是一名律师，工作之余总是开展一项副业，人们称他为“穷人的律师事务所”，凡是收入微薄的人，都会得到他的免费辩护。

一天，博多·舍费尔听到一位医生对母亲说：“从来没有见过一位有这么多访客的病人。”尽管舍费尔的父亲需要绝对静养，每天还是有很多人来看望他，父亲就算没人探望，也还在继续工作。

看到他如此敬业地工作，博多·舍费尔的母亲劝父亲不能再这样下去，不然，就不能活着离开医院了，就连医生也极力劝他要“理性行事”。但是，他还是倔强地坚持做自己的事。

博多·舍费尔经常在父亲病床边守候，听着访客向父亲倾诉的内容。

访客们向父亲倾诉的主题几乎都是“金钱”，哭诉中的过失方，都是环境或者他人。

于是，博多·舍费尔6岁就开始立志要成为一个富有的人，并下定决心：“30岁之前一定要成为一名百万富翁。”博多·舍费尔30岁真的达成了自己的目标，成为德国著名的大富豪。

【分析】

当初的博多·舍费尔并不懂法律，也不了解案情，所以，感觉好像一直在重复听到同样的故事：金钱、焦虑、金钱、焦虑、金钱、焦虑。最初，博多·舍费尔还觉得这些故事引人入胜，但是，很快就不耐其烦。

慢慢地，他开始憎恶贫穷。因为，贫穷使人生活不幸，贫穷使人们卑躬屈膝地来病房探望父亲，还向父亲乞求帮助。

【案例2】

博多·舍费尔30岁时达成了自己的目标，但在此之前的5年中，他还负债累累，体重超重18公斤，自己对自身也充满过怀疑。

当时，他的财务状况并不好，金钱的问题一直都在困扰他的实际生活，而且成为他生活的中心。

博多·舍费尔希望一切都能变得更好，事态也终会朝着这个方向发展。

如果我们只是徒有希望而不做努力的话，那什么都不会发生，希望也只能是一种精神的镇静剂，这是种绝妙的自我欺骗，你在等谁？等什么？是上帝还是命运？上帝绝不是一个古怪的保姆，也不会因为我们无所事事而给我们奖赏。

俗话说："所有的傻瓜都生活在希望和等待之中。"

博多·舍费尔曾经感到过绝望：明明日进斗金，怎么还负债累累？当博多·舍费尔找到问题的答案时，吃了一惊，原来，自己内心深处从不认为金钱是善物，是自己亲手毁了自己的成功。

父亲患病8年后去世，博多·舍费尔听人说："父亲是工作过度累死的。"

博多·舍费尔暗暗下决心：绝不因工作过度而死，也绝不像那些穷人那样，去病房探望父亲，只为求得一名律师的帮助。

博多·舍费尔下决心，一定要变得富有，而且尽可能不付出太大的代价。

【分析】

两个不同的价值观，将博多·舍费尔引向两个不同的方向，只要没消除价值观冲突，他就总会站在两个方向的分歧点上。博多·舍费尔最终还是尝试了去使自己变得富有。每当尝试某事时，还是有一些阻碍挡在他的面前。

博多·舍费尔为自己准备好了退路，预备好迎接阻碍，因为他不认为生活会优待我们，不认为自己已经强大到能够实现自己的目标。

认知：

理解：

做件什么事	怎么做的	做中的感悟

准备：

学会做：

知识是获得财富的基础

不知你有没有注意到过，有钱人都有书房，只是因为他们买得起书吗？还是说他们之所以有钱，是因为在早期就读过很多书？

一位智者曾经说过："一个人是他读过的所有书的总和。"为什么阅读如此重要呢？

一方面，语言意味着思想。我们学到的每一个新的词语，都意味着一个新的、无价的思想；另一方面，我们的收入通常也是随着词汇量的扩大而增加的。

1. 书中自有成功路

当今社会，书籍属于生活的一部分。过去并不是这样，假如你在19世纪上学，那么学生群体中只有少部分人拥有自己的书籍，我们之所以称其为优势，是因为现在我们只需要花几个小时，就能读到前人花多年时间总结的经验和研究之精髓，我们不必再去犯前人犯过的错误，所有的知识书上都有记载，我们需要做的只是去寻找。我们必须去发掘这些信息，我们拥有思想和言论自由，不仅如此，我们还发明了印刷术，拥有这么好的机会，你能做些什么呢？你会阅读关于生活的所有5个层次的书籍吗？每周阅读两本书，就意味着一年的阅读量超过100本书，7年就超过700本书，你不相信700本书能改变你吗？

你肯定会问："我怎么可能做到！我根本就没有那么多时间！"你阅读的第一本书，应该是一本关于快速阅读的书，因为时间是无价的。只需要花3个小时来进行练习，你的阅读速度就会得到提升，轻轻松松地每分钟读1000个单词，也就是说，你能在两个小时之内读完一本300页的书。

这里有一个小建议：如果有机会结识有趣的人，一定要好好利用，不要将时间浪费在"闲聊"上，请他给你推荐两到三本读过的最好的书，接下来，问他（她）为什么觉得这些书好？这样你就获得了一位优秀读者做出的总结。

你在短短几分钟之内就会知道，自己是否也应该读一读这本书。在这种方式下，最终我们就会以书籍的形式接触到许多宝藏。

2. 成长日记

成长日记是自己迈向成功的记录，是你自己写的书，专属于你个人。每个人都应该每天写自己的成功日记，记录下当天所有的成功事件，如你获得的每一次夸奖和每一次认可，无论是你遵守纪律，完成一项任务，还是你使某人快乐。

遗憾的是我们的大脑并非一直都是可信的，同成功相比，我们更容易记住错误和失败，它们在我们大脑中留存的时间是成功的11倍。因此，我们在自己心目中的形象总体上会比实际差很多，而且我们周围的环境和我们所受到的教育也宣扬这种消极倾向。因此，我们从孩提时代一直到12岁，每听到一次“是”，就会听到17次“否”。至少有80%的媒体报道都是负面新闻。因此，我们应该反其道而行之，或者至少应该意识到自己正确的形象，这是至关重要的。

我们通常可以看到伟人保留下来的日记是很有趣的，这些人物在很早时便开始写日记了，早在他们有所成就或成名之前。他们当时也没法预料到自己日后会成名，我们也不能确定每天写日记是否有助于他们日后取得成功。无论如何，记日记延长了他们的积极想法的寿命。将自己看作一个足够重要的人物，开始记录关于自己的日记。开始一天的工作之前，你一定要在成功日记本中记录，并继续系统地建立你的信心。

随着时间的推移，你还需要一本思想日记本（记录你的所有创意）、一本关系日记本（记录所有使你快乐的关系）、一本知识日记本（记录你从自己犯过的错误中学到的所有东西，使你以后不会再重蹈覆辙），以及其他内容的日记本。

自信并非偶然的事。我们的自信程度永远都是不够的，我们应该止步不前还是继续前进，往往都跟我们是否具有继续前进的自信心相关。我们看到过很多这样的事情：信心不足的孩子为了保护自己，不敢承担风险。不敢承担风险的人，将永远无所作为，只会一事无成、一无所有。

一本与众不同的日记本，比起其他任何东西，能更系统、更有效地帮你建立起自信。

请现在就好好想一下，你现在或者以前都取得了哪些成功？你完成了什么事情？你帮助了谁？谁褒奖过你？

如果你现在只能回想出很少的东西，你的自信心就会不足。你现在写下的内容越少，就越需要尽快开始写你的成功日记，即使你现在已经自信心爆棚，你成长路上的下一个任务仍然在等着你，你是否能完成这一任务，将由你的自信心来决定。

3. 常听讲座的作用

同书籍相比，听讲座有另外一个优势：我们能在同一时间听到、看到、感受到并且经历许多东西。我们的感官接受的刺激越多，获得的学习效果就越好。

此外，我们还能和主讲人对话。甚至在大型讲座上，结识主讲人，并和他建立起友好关系也是可能的。

讲座还提供一种可能性，它使我们能够完全从日常事务中脱离出来，让我们远距离地观察自己的生活。它使我们能更轻易地做到所谓的“侧向思维”，也就是说，我们能够以一种开放的思维对事物进行多角度的思考。有时候，我们也会更加重视自己的直觉。

我们能在讲座上遇到其他志同道合的同仁，集中学习的氛围会得到增强。这种相识，终将会发展成为有价值的人际关系。

好的讲座都价格不菲，这就阻碍了许多人去报名参加。开始的时候，你就应该做一个决定：一年至少去参加4次讲座。那时的你也许没有钱，甚至承担不起费用。但是你应该知道，你更承担不起的是不去提升自己的后果。

我们为教育所付出的代价和无知愚昧所付出的代价是无

法相比的。

在美国，企业每年平均为员工放假40天，送他们去参加讲座。员工在这40天里不用工作，但公司照付工资。而这样做被证明是值得的。在日本，这样的时间更长。

4. 榜样的作用

孩子从出生那一刻起，就通过模仿来进行学习，我们受周围环境影响的程度，比我们今天愿意承认的还要深，没有任何一本书或是任何一次学习，能够像我们周围的人一样如此强烈地影响和塑造我们。

近朱者赤，近墨者黑。尽管如此，我们仍然低估了周围人对我们的影响，因为我们喜欢把自己定义为独立的人，一位教练说过这样一句话："和狗一起睡觉的人，注定是和跳蚤一起长大的。"

5. 冒险的精神

当你丢掉胆怯的时候，斗牛对你来说就算不上什么，一位著名的斗牛士这样说过："当你感到害怕，而不去斗牛，那也没有任何意义，但是，当你害怕斗牛，而仍然去斗牛，你就做了一件有意义的事。"

一位十分富有的人曾经这样说过："所有有价值的东西，在最开始时都可以把我吓死。"如果你在迈出新的一步之前不感到害怕，这就意味着这一步对你而言还不够有挑战。

什么是成就大事业？也许你会做一些事情，这些事情对你来说轻而易举，别人对你钦佩有加，也有可能与现实正好相反，你千辛万苦才克服自己的恐惧，而这样的事对别人来说却不值一提。因此，我们不应该以他人来衡量自己，而应该与自己做纵向对比，接下来仔细思考自己是否乐意承担风险。我们常常忘记，顺着我们目前为止走过的道路继续前行同样有风险，这条路给我们一种熟悉感，但也不会更安全。

知识改变命运，财富成就事业。一个企业的发展壮大，靠的是良好的员工队伍；一个幸福的家庭，来源于家庭成员过硬的素质，素质的提高需要的是深厚的文化涵养和过硬的技能，文化知识是无穷智慧的源泉。

【案例1】

某企业有一个员工，很小的时候父亲由于意外事故身亡，母亲改嫁，跟着爷爷奶奶长大成人，参加工作后，他虚心求教，认真学习，刻苦学习技术，很快就成为生产中的技术骨干。

【分析】

现在正是学习知识的大好时机，能够多掌握科学知识，就会有更大的生活空间。

有知识的人会凭借着从小养成的坚忍不拔的性格、锲而不舍的追求、永不言败的精神，在理论上不断提升新的层次，用自己掌握的知识，解决工作中的疑难问题，同时又利用自己的技术为他人提供无偿的服务。

【案例2】

杨老师一年年地留在宁夏支教，连续支教时间在福建省教师中位列前茅，还连续4年被评为宁夏回族自治区优秀支教教师。

“知识改变命运。”杨老师常鼓励孩子们，要努力学习，走出大山，去看看外面的世界，生活不会辜负每一个上进的人，将来他们也能用知识改变自己，甚至改变家乡。

每逢寒暑假，杨老师启程回莆田探亲时，两个班90位同学会自发排队欢送，从她的宿舍一直排到校门口。

孩子们眼神真挚，纷纷喊道：“杨老师，您一定要再来！我们等着您回来上课！”彼时，杨老师总是噙着泪，向孩子们保证：“我还会回来的！”

2020年疫情防控期间，身在莆田老家的杨老师，仍放不下宁夏的学生们。她利用多个平台进行线上教学，和学生“云端”互动，用心传授知识。之后她又一次报名，开启第7年援宁支教历程。

“不是看到希望才坚持，而是坚持才有希望。”她说，能够成为爱的燎原传播者，是情怀，更是职责所在。

【分析】

杨老师用自己的行动，身体力行地让孩子们通过掌握科学文化知识，改变自己的命运。学生们在杨老师的启发下，用自己所学的知识，不仅改变了自己的命运，也为家乡面貌的改变，贡献了自己的力量。

认知：

理解：

做件什么事	怎么做的	做中的感悟

准备：

学会做：

幸福生活不可忽略的维度

我们可以将生活分为：健康、财务、关系、情感和人生意义五个维度。这五个维度对实现幸福生活同等重要。

第一个维度：健康是致富之根，没有健康的身体，一切皆无；第二个维度：财务是致富之本，没有财务做支撑，致富只能是空谈；第三个维度：关系是致富之源，没有关系做支持，致富将无法获取外援；第四个维度：情感是致富之关键，失去情感，致富无法逢源；第五个维度：人生的意义是致富的目的，人生失去意义，致富则无的放矢。

人生意义在于是否从事了自己感兴趣的、符合自己个性与才能，又有益于他人的事情。

【案例1】

一位纽约富翁，在自己的办公桌上方悬挂了一条格言："整天工作的人是没有时间来赚钱的。"来提醒人们花时间思考一下。

有人来到他的办公室问他："我们应该思考什么呢？"他答道："认识你自己，弄清你真正感兴趣的是什么？再想一想你应该如何用你的爱好来赚钱。最好每天都问自己一遍这几个问题，一步步地找出最满意的答案。"

【分析】

这个案例提示我们，要挣钱的方法是：将你的事业建立在你最大的爱好之上，用你的爱好来赚钱。花点时间分析一下，你真正感兴趣的是什么？你的才能在哪方面，之后你才有可能从事一份自己既感兴趣又能赚钱的工作。

【案例2】

有一天，天气非常闷热，罗素和陪同他的几个人坐着那种两人抬的竹轿上峨眉山。

山路非常陡峭险峻，几位轿夫累得大汗淋漓。作为一个思想家和文学家的罗素，面对此情此景，没有观赏峨眉山的景观，而是思考起几位轿夫的心情来。他想：轿夫们一定痛恨他们几位坐轿的人，这样热的天气，还要他们抬着上山，甚至他们或许正在思考，为什么自己是抬轿的人而不是坐轿的人？

罗素正思考的时候，到了山腰的一个小平台，陪同的人让轿夫停下来休息。罗素下了竹轿，认真地观察轿夫的表情，很想去宽慰一下辛苦的轿夫们。他看到轿夫们坐在一起，拿出烟斗，有说有笑，讲着很开心的事情，丝毫没有怪怨天气和坐轿人的意思，也丝毫没有对自己的命运感到悲苦的意思。他们还饶有趣味地给罗素讲自己家乡的笑话，还给这位大哲学家出了一道智力题：“你能用11画，写出两个中国人的名字吗？”罗素承认不能。轿夫笑呵呵地说出答案：“王一、王二。”他们在交谈中不时发出高兴的笑声。

罗素陡然心生一丝惭愧和自责，我凭什么去宽慰他们？我凭什么认为他们不幸福？后来，罗素在他的著作中讲到了这个故事并得出一个著名的人生观点：用自以为是的眼光看待别人的幸福是错误的。

【分析】

什么是幸福？罗素通过实践给出了明确的答案："用自以为是的眼光看待别人的幸福是错误的。"提示我们：要幸福，就不要"自以为是"，有很多事情，错就错在"自以为是"上，为人处世，只要全面地看问题、处理问题，幸福就会慢慢向你走来。

认知：

理解：

做件什么事	怎么做的	做中的感悟

准备：

学会做：

致富的关键在于规划

许多人规划假期游玩比规划人生还要充分。人生只有两种可能：不是你自己规划你的生活，就是别人来规划你的生活。

有的人尝试过几次规划自己的生活，失败了就说："我规划得越多，意外发生时我就越痛苦，所以，我不做规划，也不会痛苦。"为什么这么多人都无法成功执行他们的规划？有一个很简单的原因：他们没有将自己的梦想、目标、价值观和策略联系在一起。

美国佐治亚大学的托马斯·史丹利博士历时12年之久，致力于研究富人的生活，他得出了这样一个结论：这些人都属于世界上自身满意度最高的人，因为他们的梦想、目标、价值观和策略是协调一致的。

你的行动准则应该以梦想、目标、价值观和策略这4根支柱为基础，你的财富也应建立在你的行动准则之上，因为你一生中能否有所作为，并不直接取决于你铁一般的行动准则，而是与你的梦想、目标、价值观和策略直接相关。

1. 致富要有梦想

与梦想相关的事是令你快乐的事。我们可以想象一下，如果有足够的时间和金钱你想做什么事情，你会惊讶地发现，你的许多梦想都需要用到金钱。

2. 致富要有目标

要致富，必须根据你的梦想确定你的目标。对于致富需要做出一个明确的决定。如果我们还没有决定，没有执行，一切也仍然只是一个梦想。不妨自问一下，你想要成为什么样的人，你想要做什么，你想要拥有什么。

3. 致富要有价值观

你的梦想和目标必须同你的价值观相一致。要问一问自己：我真正想要的是什么？对我来说真正重要的东西是什么？

你的价值观并非不容变更的既成事实，而是一种可能性的选择，这一选择受到父母和周围环境的影响，我们的价值观也与他们的相同。

价值观并非不可更改的东西。你的一些价值观在不同情况下会自相矛盾：一方面自己想变富，另一方面又不愿工作过度劳累。如果价值观将我们引向多个不同的方向，我们就会一事无成。

因此，用你的目标来调整你的价值观非常重要。只有当你清晰地确定指导自己的价值观之后，你才能掌控自己的生活。

4. 致富要有策略

如果你的梦想、目标和价值观已经协调一致了，那么接下来就应该研发成功做事的策略了，使你变富有的策略，需要相关的知识和能力来支撑，如何才能获得你想拥有的金钱，或者说如何快速提高你的收入是成功做事的关键，要做到这一点，你就要学会如何留存你的金钱，因为成功的路上，仅有高收入是没法使你富裕起来的，只有将你获得的金钱留存下来，才会使你变得富有。

成功并不是人生的全部内容，因为成功和幸福是有区别的，成功意味着得到了你想要的东西，而幸福意味着热爱你所拥有的一切。

初到职场上的人，都希望拥有足够的资金，过上一种收支平衡的生活，多数人都难以如愿做自己感兴趣的事，就是因为缺钱，并且形成了一个恶性循环，这便造成难以从事自己感兴趣的工作。

因为他们不知道如何从讨厌的事情中赚钱获利，也没有人因为厌恶自己的行业而大发横财，缺钱使他们选择了自己本不喜欢的工作岗位，也很难赚到自己想要的钱。

我们需要时间来了解自己，找出自己感兴趣的东西，在做一些使自己充满热情的事情时，我们才真正处于最好的状态，才能使金钱滚滚而来。我们需要时间看清自己的天赋，并将天赋发展成我们需要的人生剧本，并使之成为一部巨作。

反之，不花时间做这些事的人，就是在浪费生命，他们需要时间来做出一个原则性的决定，并尽自己的义务去履行这个决定。

因此，每个人都必须在生活中明确地做出决定：是想优化自己还是削弱自己。

优化自己指的是学习，是如何以最佳的方式来运用时间、方法、技能、金钱以及与他人合作，其目的是达到最优结果，如果你想优化你的生活，你就应该不断努力成为你能成为的最优秀的人。相反，大多数人都毫无计划地生活着，同时也削弱了自己，他们尝试过一种得过且过的生活。

他们工作只是为了挣钱，并非为了一种对生活的满足感，他们不了解自己的天赋，当机会出现时，也难以识别机会的到来。

【案例1】

小张名校毕业，家人和小张本人都期待他能进入名企或外企，找一份体面的工作。可他毕业都半年了，工作依然没有着落。看到他的同学都找到了工作，父母隔三岔五就数落他一顿。

亲戚们屡次劝慰，让他“慢慢找，别着急”。看似同情理解，却让他觉得压力倍增。

他放不下身架从普通公司做起，名企面试又屡屡受挫，自信心消磨殆尽，心情越来越差。他觉得自己能力太差，没有公司愿意聘用自己，渐渐便没有勇气去尝试了。

为了逃避现实，他常常睡到十二点才起床，吃过饭也不再忙着投简历和面试，而是开始玩游戏，只有在游戏中他才能真正放松，找到自信。但他心里很清楚，游戏中获得的自信是虚幻的，在现实中自己仍是个失败者，而且还在向下滑落。心里的压力越积越多，让他更加消沉。他变得沉默寡言，连门都不愿意出了。

父母看着他越来越颓废，伤心极了。他的内心充满了自责，却不知怎么样才能拯救自己，从恶性循环中逃离出来，只能一天天沉浸在足不出户的荒唐日子里。

【分析】

这个案例反映了逃避压力的典型模式——压迫自己做某事（如游戏等），以拖延自己应该做的另一件事（如找工作）。小张的症结，首先在于没有直面压力，看清它并分析它，而是刚打个照面，模模糊糊觉得对方很强大，就败退下来，躲到角落里悲观失望，陷入恶性循环。更可怕的是，陷入越深，麻烦就会越多，而造成这一切的最初原因，也就是病根儿，会逐渐隐匿，更难施行有针对性的治疗。

【案例2】

王刚的父亲事业非常成功。王刚从小心中就把父亲作为自己的榜样，父亲也是他未来要成为的那种人。

父亲小时候家境贫寒，完全是靠刻苦读书才走出了困境。在王刚的眼里父亲是勤奋而有激情的，无论做什么事，都是说干就干，工作起来仿佛不知疲倦。

父亲从来不参加任何娱乐活动，生活中除了工作就是学习。这个男孩不断地鞭策自己要向父亲学习，因此从来不去参加任何课外无意义的活动，绝不浪费自己的时间。

王刚的童年本该是自由自在、无忧无虑的。但是，一味地模仿父亲的生活方式，使他的学习成绩受到了影响。后来，妈妈发现他的成绩并没有因为刻苦而提高，反而下降了，他的性格也变得非常内向。当妈妈问及原因时，王刚说："我压力很大，什么也做不下去，什么也不想做，也不想玩！"

【分析】

很多孩子由于对父亲的崇拜，都会去模仿父亲的行为方式、处事方式。但是，他并不知道，自己跟父亲是不一样的。父亲能承受的压力，自己不一定能承受。作为成年人的父亲能做到的事，自己不一定能做到。而一旦发现自己做不到，就会对自己的行为失望，变得自暴自弃（图5）。

认知：

理解：

做件什么事	怎么做的	做中的感悟

准备：

学会做：

本章复盘

◎ 小问题

回答下面的问题，帮助你理解知识与财富意识培养在家庭教育中的必要性。

1.培养知识与财富意识的目的是什么？

2.培养孩子的知识与财富首先要做到什么？

3.培养孩子知识与财富的步骤是什么？

4.培养孩子知识与财富有哪些要注意的环节？

5.培养孩子知识与财富意识有什么效果和表现？

6.培养孩子财富和掌握知识应该如何区别？

7.培养孩子知识与财富的方式不同，效果有什么不一样？

8.培养孩子知识与财富的问题有哪些？

如何做更好的父母

◎收起你的懦弱，摆出你的姿态，重视起竞争意识培养，不要打击孩子的积极性。

◎就算周边的人（含家庭成员）都否定孩子，你也要相信孩子，不要管别人的看法。

◎孩子的能力是通过知识与财富教育培养出来的，要相信，世上本没有做不到的事，只有不做，才适得其反。

◎不管孩子如何，都可能不被欣赏，总有人认为他不够好，你不管别人怎么看，你都不能不摆正知识与财富之间的微妙关系。

“管理好自己”思考题

【反向思维】

◎给孩子知识与财富没有用，孩子就是不愿意学习！

◎知识与财富到位了，孩子还是不好好学！

◎我对如何培养孩子的知识与财富意识有自己的看法，道不同不相为谋！

◎知识与财富培养不到位，反而被别人瞧不起！

【正向思维】

◎知识与财富培养之后，家庭和睦了！

◎知识与财富培养之后，孩子的能力提高了！

◎知识与财富意识培养之后，父母与孩子相处更融洽了！

◎知识与财富意识培养之后，父母与孩子的误会没有了！

与心对话

每日一问：

家庭生活中总有一些磕磕绊绊的冲突点，很多事情都需要知识与财富意识，你面对这些问题是怎么解决的？你身边的家庭又是怎么处理的？

请将在家里看到的记录下来：

参考文献

[1]迈克尔・W.阿普尔.意识形态与课程[M].黄忠敬译.上海:华东师范出版社,2001.

[2]PIERRE B,JEAN-CLAUDE P. Reproduction in education, society and culture[M]. London,Eng:Sage Publications Ltd.1990.

[3]保罗・弗雷尔.被压迫者教育学[M].顾建新,赵友华,何曙荣译.上海:华东师范大学出版社,2001.

[4]JEAN J. Studies in Socialism[M]. New York:Wentworth Press,2019.

[5]陶行知.陶行知全集[M].成都:四川教育出版社,2005.

[6]陶行知.中国教育改造[M].上海:上海亚东图书馆,1928.

[7]徐德春.做学教ABC[M].上海:上海世界书局,1929.

[8]陶行知.中国大众教育问题[M].上海:上海大众文化社,1936.

[9]陶行知.行知书信[M].上海:上海亚东图书馆,1929.

[10]陶行知.行知诗歌集[M].上海:上海儿童书局,1933.

[11]陶行知.行知诗歌前集[M].上海:上海儿童书局,1935.

[12]陶行知.行知诗歌三集[M].上海:上海儿童书局,1936.

[13]陈青之.中国教育史[M].北京:中国社会科学出版社,2009.

[14]孙培青,杜成宪.中国教育史[M].3版. 上海:华东师范大学出版社,2008.

[15]王陆.虚拟学习社区原理与应用[M].北京:高等教育出版社,2004.

[16]莱斯利 · P.斯特弗. 教育中的建构主义[M].高文译.上海:华东师范大学出版社,2002.

[17]日本筑波大学教育学研究会.现代教育学基础[M].钟启泉,译.上海:上海教育出版社,2003.

[18]ROBERT M G,WALTER W W,KATHARINE G,et al. 教学设计原理[M].王小明,庞维国,陈保华等译.上海:华东师范大学出版社,2007.

[19]周文彪.生活创新教育[M].北京:新世界出版社,2013.

[20]侯怀银,张宏波.社会教育解读[J].教育学报,2007:3–8.